Roger Vailland

325 000 FRANCS

edited by
David Nott

Lecturer in French Studies, University of Lancaster

Routledge
London

First published in this edition in 1989
by Routledge
2 Park Square, Milton Park, Abingdon, Oxon, OX14 4RN
270 Madison Ave, New York NY 10016

Transferred to Digital Printing 2005

Text © Editions Buchet-Chastel, Paris
Introduction and notes © 1989 David Nott

British Library Cataloguing in Publication Data

Vailland, Roger, 1907–1965
325,000 Francs. – (Routledge twentieth century texts).
I. Title   II. Nott, D.O. (David Owen)
843'. 914

ISBN 0 415 01710 6

CONTENTS

TWENTIETH CENTURY FRENCH TEXTS

Founder Editor (1959–78): W.J. STRACHAN
General Editor (1979–87): J.E. FLOWER

ADAMOV: *Le Professeur Taranne* ed. Peter Norrish
ANOUILH: *L'Alouette* ed. Merlin Thomas and Simon Lee
ANOUILH: *Le Voyageur sans bagage* ed. Leighton Hodge
ARRABAL: *Pique-nique en campagne* ed. Peter Norrish
BAZIN: *Vipère au poing* ed. W.J. Strachan
BERNANOS: *Nouvelle Histoire de Mouchette* ed. Blandine Stefanson
CAMUS: *Caligula* ed. P.M.W. Thody
CAMUS: *La Chute* ed. B.G. Garnham
CAMUS: *L'Étranger* ed. Ray Davison
CAMUS: *La Peste* ed. W.J. Strachan
CAMUS: *Selected Political Writings* ed. J. King
DE BEAUVOIR: *Une mort très douce* ed. Ray Davison
DUHAMEL: *Souvenirs de la Grande Guerre* ed. A.C.V. Evans
DURAS: *Moderato cantabile* ed. W.J. Strachan
DURAS: *Le Square* ed. W.J. Strachan
ERNAUX: *La Place* ed. P.M. Wetherill
ETCHERELLI: *Élise ou la vraie vie* ed. John Roach
GENET: *Le Balcon* ed. David Walker
GIDE: *Les Faux-Monnayeurs* ed. John Davies
GIRAUDOUX: *Electre* ed. Merlin Thomas and Simon Lee
GISCARD D'ESTAING: *Démocratie française* ed. Alan Clark
LAINÉ: *La Dentelliere* ed. M.J. Tilby
MAURIAC: *Destins* ed. Colin Thornton-Smith
OUSMANE: *Ô Pays, mon beau peuple!* ed. P. Corcoran
ROBBE-GRILLET: *La Jalousie* ed. B.G. Garnham
ROBBE-GRILLET: *Le Rendez-vous* ed. David Walker
SARTRE: *Huis clos* ed. Keith Gore
SARTRE: *Les Jeux sont faits* ed. M.R. Storer
SARTRE: *Les Mains sales* ed. W.D. Redfern
SARTRE: *Les Mots* ed. David Nott
TROYAT: *Grandeur nature* ed. Nicholas Hewitt
VAILLAND: *Un jeune homme seul* ed. J.E. Flower and
C.H.R. Niven

Anthologie de contes et nouvelles modernes ed. D.J. Conlon
Anthologie Eluard ed. Clive Scott
Anthologie Mitterand ed. Alan Clark
An Anthology of Second World War French Poetry ed. Ian Higgins
Anthologie Prevert ed. Christiane Mortelier
Immigration in Post-War France: a documentary anthology ed.
Alec Hargreaves
War and Identity in France ed. Colin W. Nettelbeck

ACKNOWLEDGEMENTS

The editor wishes to thank the following: M. Guy Lacour, Président de l'Association des Amis de Roger Vailland, for the photograph of Vailland which appears on p. vi; M. Christian Petr, lecturer in the Faculty of Philosophy, University of Sarajevo, for a typescript copy of extracts from his book *Singularité de Roger Vailland* (Paris, Aux Amateurs de Livres, 1988); Mlle J. Rodet, librarian in the Bibliothèque municipale, Bourg-en-Bresse, for copies of material from Vailland's private papers.

The editor and publishers are grateful to Editions Buchet-Chastel for permission to reproduce the text of *325 000 francs*. The version which appears in this volume is, with minor corrections, that of Volume III of the *Oeuvres complètes* (Lausanne, Editions Rencontre, 1967).

INTRODUCTION

ROGER VAILLAND

Roger François Vailland was born on 16 October 1907 at Acy-en-Multien (Oise). His father, Georges François, and his mother, Anna Geneviève, *née* Morel, were both born in Paris; his father's family originated in Haute-Savoie, his mother's in Picardie and Auvergne. Georges, a qualified surveyor, had met Anna while on leave from Madagascar; she agreed to marry him on condition that they settled in France.

Roger was weaned, with difficulty, at four months; he spent his early life under the close care of two grandmothers, mother, and nursemaid, but was temporarily dethroned by the birth in 1912 of his sister Geneviève. He was terrified by his first experience of school; his mother withdrew him and taught him to read and write; when he returned in 1914, he was soon top of his class.

In 1915 his father, who had been declared unfit for military service, was converted to catholicism (he had been a Freemason). Vailland spent the holidays until 1918, and the school year 1916–17, away from his parents; he missed his mother, and read Corneille's plays and Plutarch's *Lives*.

After the war, the family moved to Reims, where Georges Vailland had been posted. Roger, who now cycled to school, was a model pupil; his father encouraged his studies of mathematics, botany, and ancient and classical authors. In 1921 he began to write poetry, and in 1923 his poem 'En vélo' was published. With a few classmates, he formed an anti-conformist group of 'phrères simplistes', led by Roger Gilbert-Lecomte whom he looked up to for years as a hero; 1924 saw his first experiments with drugs (opium paste, carbon tetrachloride).

In 1925 he passed the *baccalauréat*, and attended the lycée Louis-le-Grand to prepare for the Ecole normale supérieure; but he left in 1927 and enrolled at the Sorbonne. In May 1926 he met Marianne Lams ('Mimouchka', aged 25): this first *liaison amoureuse* ended in 1929. The 'phrères simplistes' re-formed, and planned a review called, at Vailland's suggestion, *Le Grand Jeu*; the first issue, in 1928, was noticed by André Breton and the Surrealists. In 1928 Vailland gained his *licence de philosophie* and started work as a reporter with *Paris-Midi*; as a result of certain of his articles, he was accused, at a meeting chaired by André Breton, of having shown approval of the Establishment, and was subsequently excluded from the Surrealist movement; in the same year (1929) he also left the *Grand Jeu*.

In 1930, after a spell in hospital with an arm infection caused by drug-taking (morphine), he became a foreign reporter when *Paris-Soir* took over *Paris-Midi*; for five years, he sent repeated requests to his parents for money. A short-lived period of relative stability coincided with his marriage in 1936 to Andrée Blavette, a night-club singer he had met a year previously; by 1937 their lifestyle had deteriorated – drugs (opium, heroin), heavy drinking, and gambling – and in 1938 he made his first forcible break with drugs.

Despite being again declared unfit for military service in 1939 (the first time was in 1929), he was sent by *Paris-Soir* to Bucharest to avoid being drafted; after the fall of France he rejoined *Paris-Soir* in Marseille, and then in Lyon, until the newspaper closed in 1942. He then made a second forcible break with drugs and moved with Andrée to Chavannes-sur-

Reyssouze (Ain). After an unsuccessful attempt in 1943 to join the clandestine PCF (French Communist Party), he joined a Lyon-based Resistance network, taking the name 'Marat', and travelling frequently between Lyon and Paris. His father died later in 1943 and, in December of that year, Roger Gilbert-Lecomte died from tetanus due to drug abuse. In the summer of 1944, following an arrest, Vailland was obliged to cut links with his Resistance network, and returned to stay with Andrée at Chavannes-sur Reyssouze, where he began writing his first novel, *Drôle de jeu*. In the final months of the war he became a correspondent for *Action* and *Libération*, covering the advance of the allied armies.

Later in 1945 he began his first play, *Héloïse et Abélard*, and wrote a number of essays attempting to clarify his ideas on personal freedom and the possibility of reconciling it with action in the real world: his return to drugs (morphine) and alcohol in 1946 showed that he was far from resolving the question. The following spring he made his definitive break with drugs and, in July, with Andrée who, however, gave birth to a son, Frédéric, later that year, and claimed that Vailland was the father. His royalties on *Héloïse et Abélard* were seized, the beginning of a long drawn-out and unresolved legal wrangle. His second novel, *Les Mauvais Coups*, begun in 1947, depicts with great intensity a couple struggling in a relationship which ends abruptly with her suicide by drowning.[1]

Vailland's own life remained unsettled – although he began writing his third novel, *Bon pied bon œil*, placing some of the characters of *Drôle de jeu* in a post-war context – until his meeting, late in 1949, with Lisina (Elisabeth) Naldi, 33, twice married, former actress and member of the Italian Resistance. The effect on him of their love is chronicled with great intensity in the *Ecrits intimes* (letters and journal entries for 1950). At the same time, he associated himself wholeheartedly with the PCF and its policies,[2] writing a long essay denouncing the Vatican's involvement in twentieth-century politics (*Le Saint Empire*, published only in 1978), and an explicitly pro-Communist play, *Le Colonel Foster plaidera coupable*, set in Korea.

In December 1950 he left Paris for Indonesia, as a correspondent for *La Tribune des Nations*, with the declared intention of living inseparably with Elisabeth on his return. In the spring of 1951 they moved to begin a Spartan life in Les Allymes, a hamlet near Ambérieu-en-Bugey (Ain). Unlike the cloak-and-dagger Resistance activities, this was a time of everyday commitment to the Communist cause,[3] and the beginning of his friendship with, and admiration for, Henri Bourbon, PCF *député* from 1946 to 1951 and councillor for the *département*.[4] In the same year, he wrote his fourth novel, *Un jeune homme seul*.

When, in May 1952, following anti-American demonstrations in Paris, the PCF *député* Jacques Duclos was arrested and charged with having homing pigeons (for espionage purposes) in the boot of his car, Vailland sent his application for membership of the PCF to the imprisoned Duclos, written on a copy of *Le Colonel Foster*, which had been banned after the first performance had been brought to a halt by right-wing demonstrators.

After the overthrow of King Farouk, Vailland travelled to Egypt as a reporter, and was arrested and imprisoned as a 'foreign agitator'; despite appeals by *L'Aurore* for him to be dealt with severely, he was released. He then travelled to eastern Europe for performances of *Le Colonel Foster*, and the following year published an essay on the theatre, *Expérience du drame*, seeking to place his views in a Marxist perspective; his study of *Laclos par lui-même*, also published in 1953, similarly reflects his current preoccupations with drama, Marxism, and *libertinage*. In this, perhaps the most productive year in Vailland's life, he began writing for the Communist newspapers *L'Humanité* and *L'Humanité-Dimanche*, and completed *Beau Masque*, his fifth novel. When the publisher Buchet-Chastel found it 'too Communist', Vailland refused their offer of a limited edition, and it was accepted for publication by Gallimard.

His divorce from Andrée was made final in 1954; later that year, he and Elisabeth moved to Meillonnas, a small village 8 miles from Bourg-en-Bresse (Ain), where they married in October. *325 000 francs*, his last novel for Corrêa, written at Meillonnas in the summer of 1955, was published in November, and serialized in *L'Humanité* from December. Soon, Vailland was writing of plans for a new novel.[5]

Before the parliamentary elections of January 1956, he campaigned vigorously for the PCF in the Ain *département*, writing numerous articles, and driving Henri Bourbon to election meetings; in April 1956 the Meillonnas PCF cell (nineteen members), whose fortnightly meetings Roger and Elisabeth had been helping to organize since 1954, passed a resolution, minuted by Vailland, critical of the PCF's parliamentary vote in favour of granting special powers to the Socialist Premier, Guy Mollet, to pursue the war in Algeria.

Meanwhile, in February 1956, in a report to a secret session of the Twentieth Party Congress in Moscow, Khrushchev denounced Stalin's crimes; when rumours of the report began to spread in the west, Vailland decided to find out for himself. In April, in Prague, he read the text of Khrushchev's report, then went to Moscow. On his return to Meillonnas, he took the portrait of Stalin off the wall of his study, and even cut Stalin's figure out of another photograph; an external source of support for his political beliefs had been removed: as in 1929, the Comrade had once more become the Outsider. He and Elisabeth rented a house for the summer on the Adriatic coast, not knowing whether they would return to France; one day, however, after weeks of intense depression, Vailland watched *la legge*, a card game which involves a series of provocations and humiliations, played in front of an audience; he saw in it the material for a novel, *La Loi*.

They returned to France, and to another political storm which cruelly underlined Vailland's political dilemma and the uncertain nature of his attempts to resolve it: following the Soviet invasion of Hungary, Sartre telephoned Vailland asking for his name on an open letter of protest to the PCF; he agreed, but when, two days later, the party offices in Paris were attacked, he sent a telegram to *L'Humanité* 'pour me solidariser sans réserve avec mon parti, face à l'agression fasciste'.[6] This affair marked the end of his party activities, even though he and Elisabeth renewed their membership every year until 1959.

In 1957 he began writing *Monsieur Jean*, his third and last play; in December *La Loi* won the Prix Goncourt, but this recognition was soured by misunderstanding, Vailland believing that he had been given the prize as a reward for breaking with the PCF. For seven months he and Elisabeth travelled in East Africa and the Indian Ocean; in the French territory of Réunion (known until 1793 as 'l'île de Bourbon'), he imposed on himself a disinterested response to the news from France of the fall of the Fourth Republic and the return of de Gaulle. This 'disinterest' received further expression in his next novel, *La Fête*, which he began in 1959.

From 1959 to 1962, Vailland wrote five screenplays, three for films directed by Roger Vadim; the first, *Les Liaisons dangereuses*, was considered scandalous, and was released, re-entitled *Les Liaisons dangereuses 1960*, only after eight government ministers had attended a private screening. The years from 1957 were characterized by long periods of depression and creative sterility; in September 1961, Vailland gave up alcohol for several months and resumed writing the journal which, with short gaps, he kept up until a few weeks before his death. In 1963 he wrote his last novel, *La Truite*, but when it was published in 1964 he was exasperated by what he saw as the critics' failure to understand it.

Towards the end of 1964 an article, 'Eloge de la politique', published in *Le Nouvel Observateur*, suggested a renewal of Vailland's interest in political affairs, but he was already weakened by illness: a first alarm had come during a trip to Greece in January and by the autumn he was seriously ill. In November, lung cancer was diagnosed; he was told that he

had a virus infection, but probably realized that he was condemned, and resolved to commit suicide on his fifty-eighth
birthday if he had not recovered. In fact he died in his bed at
Meillonnas on 12 May 1965. On 24 August 1983, Elisabeth
died of a heart attack in hospital at Bourg-en-Bresse,
bequeathing Vailland's manuscripts and papers to the
Bourg-en-Bresse municipal library, where the 'Médiathèque
Elisabeth et Roger Vailland' was inaugurated in 1988.

THE PLACE OF *325 000 FRANCS* IN VAILLAND'S WORK

In a long letter to Pierre Berger, dated November 1951,
Vailland describes the unifying thread which he sees as run-
ning through his work: 'je crois que . . . je n'ai jamais fait
que peindre sous des aspects variés la lutte de Saint Georges
et du Dragon . . . Mes romans, pour y revenir, pourraient
avoir pour surtitre général: "A la recherche de l'héroïsme".'[7] Despite numerous historical references to the
Resistance in *Drôle de jeu* and to the cold war in *Bon pied
bon œil*, and despite the obvious presence in *Les Mauvais
Coups* and *Un jeune homme seul* of material transposed
from his own life, Vailland is neither historian nor autobio-
grapher: in his novels, characters and events are given a
mythological, allegorical role; the reader is constantly invited
to evaluate the quality of the characters' response to circumstances or their capacity to shape events. In this sense,
Vailland writes as a moralist, passionately involved in his
novels, even – or especially – when his style suggests
detachment.

'L'épreuve' and 'la forme'

Vailland's touchstone for judging his characters is not hard
to find: in his diaries, letters, articles, and novels, particularly in the period 1950–6, repeated reference is made to the
plays of Corneille, and the generous, noble, and heroic
values by which Corneille's characters live. This system of

values is summed up by the moment when, in Act I, Scene 5 of *Le Cid*, Don Diégue summons his son to avenge a mortal insult, with the words 'Rodrigue, as-tu du cœur?'; Don Rodrigue's response is swift and unhesitating: 'Tout autre que toi l'éprouverait sur l'heure'. This moment of truth in which the hero's courage is challenged and revealed becomes the central myth of Vailland's works, so much so that in the first chapter of *325 000 francs*, describing the psychological challenge of the last stage of the Circuit de Bionnas, the reference to *Le Cid* appears almost in shorthand form: 'le coureur pense: tout est à recommencer; à partir de ce moment, on se bat davantage avec le cœur (*Rodrigue, as-tu du cœur?*) qu'avec le muscle ou le souffle' (p. 67).

The myth is perhaps best summed up in the single word 'épreuve': in each of Vailland's novels, there is at least one incident in which a main character is put to the test. For Corneille's heroes, the 'épreuve' generally consists of armed combat; for Vailland, too, the decisive encounter is physical, whether it involves the police, sport, or a woman. The intensity of the emotional charge with which Vailland invests this 'épreuve' is apparent from the lyrical tone used to convey the hero's jubilation at having at last gained the chance to prove himself. In *Bon pied bon œil* the Communist Rodrigue (there is nothing accidental about the names of Vailland's fictional characters), who had appeared in *Drôle de jeu* as a dedicated Resistance worker, is arrested and held in prison incommunicado. Thrown on to his own resources, he feels free, happy, heroic: 'Il ne s'était jamais senti aussi léger depuis l'époque où il faisait la guerre'.[8] The same words are found at the end of *Un jeune homme seul*, when Eugène-Marie Favart, arrested by the French police and about to be handed over to the Gestapo, knocks out a policeman: 'Il ne s'était jamais senti aussi léger. Le bonheur de vivre chantait pour la première fois dans son cœur'.[9]

In *325 000 francs*, the nearest equivalent to such moments comes just before Busard wins the prize for the first stage of the race: 'La lumière frisante de la crête l'enveloppa de la tête à la taille. . . . J'imaginais l'exaltation de Busard et je l'enviais' (p. 75). For a brief moment, Busard appears as a victorious hero, in a halo of light, but it is too little and too soon: he loses the race.

Whereas Corneille's myth of the hero is inseparable from its social context, Vailland's idea of 'l'épreuve' springs from, and feeds back into, unconscious sources. The real challenge arises from the need to overcome feelings of self-doubt, inadequacy, and humiliation. The feeling of well-being which attends success is as much mental as physical, and the sense of disgrace which follows failure is self-destructive, a form of moral suicide, generally accompanied by physical damage, even mutilation.

Heightened awareness, emotional intensity, a sense of being on trial: this is the stuff of dreams, which is often how the 'épreuve' is described in Vailland's novels. In *Les Mauvais Coups*, after a violent physical struggle between the warring couple Milan-Roberte, Milan feels as if he were awaking from a dream or, rather, a nightmare. In *Un jeune homme seul*, Eugene-Marie Favart responds to an insult with uncontrollable fury, and then becomes aware of the outside world once more; in Part II of the same novel, Favart publicly sides with the Resistance by walking at the head of the funeral procession of Pierre Madru; like a Greek chorus, his wife and grandmother weigh up his character.

In chapter 1 of *325 000 francs*, after Busard's first fall, there is a similar dreamlike quality in the description: 'De la foule montait [sic] toujours les mêmes mots: "Il saigne . . . il saigne . . ."' (p. 81).[10] Chapters 2 to 7 constitute a second 'épreuve' which, like the first, is commented on by the people of Bionnas, moves to a climax with Busard in a dream-like state, and ends in failure. These elements are summed up in Vailland's own comment on his novel: '*325 000 francs*, le meilleur de mes romans, vrai rêve, rêve vrai . . .. Le jeune héros (moi jeune héros) toujours Narcisse?'[11] He saw 'l'épreuve' as the supreme point of intersection between two poles of human existence: one's life lived from within, emphasizing the quality of experience; and one's life seen from outside, with the emphasis on the quality of the individual. Where other, seemingly wiser, mortals give up the struggle to make these two poles constantly intersect, Vailland pursued to the end of his life his own particular search for heroism, for 'l'unité de l'être vivant'.

If 'l'épreuve' represents the objective test of the individual, the subjective feeling of being ready for the test is often summed up by Vailland in the word 'forme', in the sporting sense. On the first page of *Un jeune homme seul*, Eugène-Marie's jubilant thought, 'Je suis en forme', is merely the day dream of an inexperienced adolescent; it turns to disaster and humiliation when he collides with a worker on a racing cycle. On the second lap of the race in *325 000 francs*, Busard declares 'Je suis en pleine *forme*!'; later the narrator, beginning to think that Busard can win, embarks on a long train of thought about 'la forme' (the word appears fourteen times on pp. 77–8), associating the word with maturity: 'L'écrivain arrivé à maturité a résolu ou surmonté ses conflits intérieurs', etc. (p. 78).

What happens, however, if he is not equal to 'l'épreuve', and falls short of his heroic ideal? There is a clue to this in the narrator's reflections on 'la forme': 'Pour l'écrivain aussi, quand il a atteint la maturité et quand il a quelque chose à dire, la *forme* devient la préoccupation essentielle' (p. 78). The second qualification ('quand il a quelque chose à dire') removes most if not all of the substance from the bold and brave words about 'la forme': if the writer has nothing to say, being 'en forme' or not becomes irrelevant. In the case of his fictional characters Vailland makes the point explicit: Busard realizes that giving up his cycling ambitions for the sake of Marie-Jeanne means that there is no longer any point in his being 'en forme':

Il ne faisait plus partie de la cohorte des héros . . .. Il n'aurait jamais plus rien a sacrifier à *la forme*. Il était rentré dans le rang, devenu pareil aux vieux ouvriers qui n'ont plus d'espérance . . .; ils ne se réveillent jamais, *la forme* est au contraire l'extrême pointe de l'éveil'. (p. 127–8)[12]

Although Vailland puts the emphasis on 'l'éveil' – heightened consciousness – as the supreme state of being, such moments are, as we have seen, just as often associated with dreams, or dream-like states. This ambiguity demonstrates the fragility of Vailland's search for heroism: as he well knew, the state of mind induced by dreams, drugs, or drink is easily attainable but utterly unheroic, whereas the opportunities for heroism summed up in the word 'épreuve' are, in an individual life, rare.

'Saisons' and 'souveraineté'

Writing in response to Emile Henriot's criticism ('Et quel écrivain a pu se flatter jamais d'avoir surmonté tous ses conflits intérieurs?'[13]) of the passage in *325 000 francs* about 'L'écrivain arrivé a maturité', Vailland attempted to define what he understood by maturity:

> la maturation, c'est précisément de réaliser son unité – non pas de supprimer les unes ou les autres des aspirations contradictoires, mais de se développer (au sens d'un organisme vivant) au milieu d'elles, jusqu'au moment, à l'état où elles cessent d'être contradictoires.[14]

In the course of his argument, Vailland quotes once again Don Diègue's challenge to his son ('Rodrigue, as-tu du cœur?'), and the immediacy of Don Rodrigue's reaction: 'Cette promptitude de la réaction n'est possible que lorsque est réalisée l'unité de l'être vivant'.[15] Vailland sees the young, quasi-mythological hero of Corneille's play as having already achieved the unity which, for himself, can only be the result of a long process of maturation: this view is repeatedly expressed, between 1961 and 1964, in the *Ecrits intimes*.

Since the Vailland of 50 years cannot be a young hero, and

cannot pretend that he was one at 20, he preserves the link
between myth and reality through the idea of development;
he constantly goes back over the history of his past life,
seeing it as a succession of stages, or 'saisons', each one
constituting a higher level of personal maturity. In 1950, for
example, during the first year of his relationship with
Elisabeth, he puts one aspect of his past life firmly behind
him: 'la saison des amours touche à sa fin. Je suis las, non pas
de cet amour, mais de recommencer sans cesse l'amour'.[16] In
1958, however, he divides up his past life according to different criteria: 'Ma vie, comme le développement des plantes
par stades, se découpe en périodes bien tranchées. La période commencée en 1943 avec ma désintoxication et mon
entrée dans la Résistance est close'.[17]

Vailland was aware that, in many vital respects, the period
from 1956 onwards represented regression, not development: the 'passion du travail' of which he wrote in 1951[18] is
reduced to a graph on the wall of his study, showing the
number of pages, if any, written each day. One last resort,
when the concept of 'saisons' began to indicate decay rather
than development, was to see himself as free, independent, in
control of himself if not of events. Thus emerges – or re-
emerges, since it was inherent in the heroic, epic view of his
life – the ideal of 'souveraineté'. In his novel La Fête (published in English with the title The Sovereigns (London,
Jonathan Cape, 1960), the central character, Duc, refuses
all dependence on the outside world; this enables him, like
Vailland, to keep his self-esteem whatever happens: 'Ce que
j'appelle souveraineté (ou également liberté) se constitue à
force de coups heureux ou de coups malheureux surmontés'.[19] Vailland's last years were marked by a growing
detachment, which distressed him, but which he defiantly set
up as the ultimate expression of 'souveraineté'.

Individualism versus solidarity

This refusal to be possessed by anyone or anything shapes
Vailland's whole conception of the individual and society; he

defines liberty in terms of the individual, not of the mass, identifying with a minority of 'hommes de qualité' whose freedom depends on the existence of a majority of unfree people,[20] and maintaining, throughout the period 1951–6, a dual set of values: solidarity in word and deed with the PCF, and individual heroism. In *Un jeune homme seul* and *Beau Masque*, these two values remain in harmony, being linked through the characters of Domenica and Eugène-Marie Favart, and of Beau Masque and Pierrette Amable; refusal of the collective struggle is expressed by characters whose role is secondary to the main action: Blanchette, the prostitute ('Un ouvrier qui sait se défendre ne reste pas ouvrier, il devient patron'[21]), or Marguerite, in *Beau Masque*, whose ambition is to earn enough money to move to Paris and meet a man 'qui lui offrirait un loyer, un Frigidaire, un manteau de mouton doré et peut-être même une quatre-chevaux'.[22] In both novels such attitudes, which prefigure those of Busard and Marie-Jeanne in *325 000 francs*, are explicitly condemned: ' – Les temps ne sont plus les mêmes, dit Domenica. . . . C'est le monde entier dont il faut changer la face'.[23] After the death of Beau Masque, Pierrette continues the struggle, with the narrator's manifest approval: 'Les temps merveilleux et terribles approchaient. Elle sera d'une trempe sans égale'.[24]

In *Un jeune homme seul*, the dramatic movement is away from bourgeois isolation towards heroic commitment to the collective struggle (the Resistance), involving torture and, possibly, death; *Beau Masque* traces the itinerary of a heroine already committed to the workers' cause, through despondency and adversity, to a renewed commitment and hope for the future. The same elements – individualism, solidarity, the criterion of heroism – are present in *325 000 francs*, but combined in a different structure. Heroism is now associated with individualism, not with solidarity: having thought of Busard as a hero in pursuit of an intrinsically individualist ambition (becoming a champion cyclist), the narrator then condemns him as unheroic when he pursues his second ambition (snack-bar + Marie-Jeanne). A fundamental ambiguity surrounds Busard's mutilation and defeat: on the one hand there is the political warning, given notably by Chatelard, that he is betraying his fellow-workers and that, in any case, his proposed solution is not possible in today's society (this makes Busard a negative exponent of the thesis illustrated positively by Domenica and Favart, and Beau Masque and Pierrette); on the other hand, there is the individualistic view, expressed by the narrator, that Busard does not possess the qualities of a champion, or at least has allowed himself to be dispossessed of them by Marie-Jeanne. This ambiguity suggests growing strains in the attempt to link individualism and solidarity under the common umbrella of heroism. After 1956, the link is completely broken; the two views are seen as irreconcilable alternatives:

> Je m'aperçois de plus en plus que je n'ai pas encore résolu le problème clairement posé dans *Drôle de jeu* (et *325 000 francs*): pour l'ouvrier énergique et intelligent, sortir (s'affranchir) seul de sa condition ou s'affirmer ouvrier et homme de qualité en luttant révolutionnairement.[25]

The three novels written after 1956 – *La Loi* (1957), *La Fête* (1960), *La Truite* (1964) – offer no solution to this problem; their protagonists, including the narrator in *La Truite*, have turned their backs on solidarity, and live their lives accountable only to themselves. In their different ways, these three novels faithfully reflect the final 'saison' of Vailland's life, marked by a deliberate, sometimes painful withdrawal from commitment to any external, collective cause. How – and when – had this come about?

'Le bolchevik' versus 'embourgeoisement'

For Vailland, as for many French men and women of his generation, involvement with the Resistance led to involvement with Communism; the cold war period (1947–52) prompted some to reconsider their commitment, and others, including Vailland, to renew it. He joined the PCF in 1952, but ceased all party activity in 1956, and left it, 'sur la pointe des pieds', in 1959.

Until 1956, Vailland and the party worked in harmony; the limits – and perhaps the fragility – of this accord are apparent in what was said, on either side, afterwards. Vailland: 'quand j'écrivais *325 000 francs*, un militant d'Oyonnax me présenta dans une maison ouvrière: Roger Vailland, un écrivain au service du peuple, et j'en fus réellement ému. . . . Cela me semble maintenant romanesque';[26] a party worker: 'Roger était avant tout un révolutionnaire romantique. . . . Il était orgueilleux et nous enviait un peu cette solidité qui nous avait permis, d'une certaine manière, de faire mieux face aux coups durs'.[27]

Communism held an attraction for Vailland as long as he could find, in its aims, its actions, and its leaders, a projection in the outside world of his inner need to see his own life in heroic, Cornelian terms. For his twentieth-century equivalents, in fact and fiction, of Corneille's heroes, Vailland adopted the term 'bolchevik':

> je n'entends pas bien sûr par ce mot bolchevik une référence nationale, mais une distinction précisément entre les héros et ceux qui ne sont pas moins bons 'en soi', mais qui les reconnaissent comme modèles, entraîneurs, et meilleurs dans le moment.[28]

Vailland points out[29] that in *Un jeune homme seul* he uses the expression 'un vrai bolchevik' at the funeral of Madru, the Communist railwayman and Resistance leader, to single him out: implicit in the term 'bolchevik' is a distinction between the few and the many. Vailland's portrait of Pierrette Amable, in *Beau Masque*, confirms this view: she stands out among her fellow-workers through her combativity, her refusal to be bought off; her shop is known as 'l'*atelier de*

fer, celui qui ne plie jamais'.[30] Of all Vailland's fictional
characters, she is the most fully worked-out representative of
the 'bolchevik', the one who reflects most directly, even
instinctively, his own heroic ideal of being singled out as a
man of quality, precisely through his participation in the
collective struggle.

There is no 'bolchevik' in *325 000 francs*: Chatelard, the
union secretary, is not even a pale reflection of the mythological Madru of *Un jeune homme seul*; having opposed
Busard in the name of union solidarity, he then joins in the
general attempt to persuade Marie-Jeanne to be reconciled
with Busard: ' "J'ai peut-être été un peu dur avec le petit.
Il faut être humain" ' (p. 139). The impetus which carried
the idea of the 'bolchevik' forward from *Un jeune homme
seul* to *Beau Masque* has been lost. Responding to the charge,
made by Emile Henriot, that he is an 'aristocrate d'extrême
gauche' Vailland writes several pages without using the word
'bolchevik'; instead of the varied social canvas of *Beau
Masque*, there is a series of idealized assertions: 'c'est dans la
classe ouvrière qu'on rencontre aujourd'hui en France le plus
grand nombre d'hommes arrivés à maturité, d'hommes de
cœur, d'hommes véritables. . . . Je me bats coude à coude
avec *les meilleurs* de mon époque'.[31] Even allowing for the
polemical nature of the article, the tone is strained, the ideas
unconvincing: a last desperate attempt to bring into line
Vailland's inner needs and what he saw happening around
him.

Five months later, he writes in pages of searing sincerity[32]
of the end of his attempt to see and paint the 'bolchevik' as
the hero of our time: 'Le bolchevik m'avait paru par excellence l'homme de mon temps. . . . Mais déjà le bolchevik est
un personnage historique'.[33] From '*les meilleurs* de mon
époque' to 'un personnage historique' in five months: it is
not history that has moved on, but Vailland who has moved
back, unable any longer to harness his own fundamentally
individualist outlook to the cause of commitment and
solidarity.

For Vailland, the attempt to gain psychological independence from his mother involved rejection of her social class and its values, and idealization of those who represented other, less solitary ways of life.[34] Many of the resultant conflicts are depicted in Part I of *Un jeune homme seul*, and the turbulent nature of Vailland's life in his twenties and thirties confirms the difficulties this ex-bourgeois encountered in establishing his life on a non-bourgeois basis. Subsequently, his novels show awareness of the humdrum reality of working-class aspirations; in *Drôle de jeu*, the Communist Rodrigue's ardour for 'la Révolution' is tempered by Marat's more sanguine vision of 'les ouvriers français' after the war; 'ils se remettent à faire des économies pour acheter une affreuse bicoque en banlieue'.[35] In *Bon pied bon œil* Rodrigue himself, married to Antoinette, is caught up in all the trappings of petty-bougeois domesticity: 'Antoinette s'occupe de la maison. . . . Quand elle travaillera, elle pourra s'habiller avec élégance. Ce sera flatteur pour lui'.[36] Even Pierrette Amable, once she has set up home with Beau Masque, becomes less combative: 'elle se surprend à sourire à un représentant du patronat, au cours d'une discussion professionnelle'.[37]

These novels present a cluster of symbols representing the values with which Vailland seeks to identify: freedom, adventure, virility, scorn of moral ties and material possessions – 'les problèmes de son temps'; set against these are the symbols of all that he wants to escape from: domesticity, the wife-and-mother, bourgeois comfort, lack of combativity – 'les problèmes personnels'.

In 1955, the year of *325 000 francs*, Vailland came face to face with the contradiction between his search for heroism in the anti-bourgeois struggle, and the reality of 'embourgeoisement' in a would-be socialist society: writing to Elisabeth from eastern Europe, he notes that 'Le prolétariat tout entier a soudain les moyens de vivre comme la petite bourgeoisie et le fait, dans les mêmes formes';[38] after spending a particularly painful 'cultural evening', he wonders 's'il n'est

pas absurde de nous battre pour permettre aux masses
populaires d'accéder à des plaisirs que nous méprisons'.[39]
The doubts and hesitations, manifest in these letters, do not
prevent him from writing an article on the East German Tave
Schur, the winner of the Course de la paix, describing his life
in glowing terms.[40] It is as if Vailland cannot yet draw the
consequences of what he has seen.

Marie-Jeanne, and Busard when he abandons his cycling
ambitions and breaks solidarity with his fellow-workers, per-
sonify 'embourgeoisement'. This phenomenon, central to
325 000 francs, is symbolized by the new goal which Busard
sets himself for the sake of Marie-Jeanne: a snack-bar. When
the whole of Bionnas seems to be working for reconciliation
between the couple, the narrator gives vent to his exaspera-
tion at a society in which 'embourgeoisement' is everywhere,
and the 'bolchevik' nowhere to be seen: 'Cette société
retombe en enfance. C'est la règle à la veille des grandes
révolutions' (p. 140). This last assertion has the air of a
pirouette, a half-serious attempt to mask the reality made
starkly explicit in the previous lines.

After 1956, even this defiant reflex is impossible; in page
after page of the *Ecrits intimes*, Vailland notes, with bleak
lucidity, the passing of the 'bolchevik'.[41] Pierrette Amable,
presented at the end of *Beau Masque* as a figure of the future,
becomes a heroine of the past: 'Il n'y a plus de femmes
comme Pierrette Amable; c'est une héroïne XIXᵉ siècle.'[42]
Perhaps Beau Masque, an Italian immigrant worker who
organizes his fellow-immigrants into a trade union, is more
representative than Pierrette of those who have not yet suc-
cumbed to 'embourgeoisement'.[43]

The inescapable tragedy

In the years after 1956, Vailland returns repeatedly, in his
journal, to the question of what had drawn him to Communism; between 1956 and 1964 the tone varies but the central
issue remains the same: 'j'ai aimé le communisme de susciter

les bolcheviks, les hommes d'acier, les lions. Staline, CTAΛUH [*sic*], l'homme d'acier par excellence';[44] 'tout ce peuple français . . . que je n'ai jamais réellement aimé, sauf par erreur, quand je le confondais avec quelques héros qui se réclamaient de lui, les bolcheviks, les FTP, Bourbon . . .'[45] Above all, he is aware that there was nothing altruistic about his commitment: 'n'ai-je été communiste que comme Hemingway chasseur? À la fois comme épreuve et pour voir de l'intérieur ce qui est le plus grand dans l'époque'.[46]

For five years, from 1951 to 1956, Vailland staked his heroic conception of his own life on the idea that he was playing his part in the epic struggle for Communism. This double identification brought serenity:

> la vie d'un homme véritable est analogue à une bonne tragédie. Elle se dénoue dans une mort heureuse, après que l'homme ait résolu, tels qu'ils se reflètent en lui-même . . . tous les problèmes de son temps, tous les conflits de son temps.[47]

What is striking about this passage, is that this 'homme véritable' is able to be at one and the same time author, actor, and spectator of his own life; everything has meaning, death is an affirmation of the self as in Corneille, instead of its tragic extinction as in reality. When, after 1956, he can no longer sustain the belief that his own needs are answered by the march of history, he is thrown back into an external present: no heroism, no 'épreuve', no development, and resentment towards the party of the 'bolcheviks'.[48] For a time, the cold war had seemed to offer the same opportunities for heroism as the Resistance; everyday life, and peaceful coexistence, left Narcissus face to face with himself and with all the ghosts that attended the 'jeune homme seul'.

One word sums up the effect on Vailland of his awareness of this regression after 1956: 'cet ennui sous roche, au cours des années et dont nulle extravagance (dandyisme) ne fit jamais complètement disparaître la menace'.[49] This 'ennui',

which could be termed chronic depression, is prefigured in all
three novels of the period 1951–6, but in each case Vailland
sets it at a distance from himself: in Part II of *Un jeune
homme seul*, Favart has frequent crises and drinks heavily,
but Domenica says of him ' "Plus les crises sont violentes,
plus il est près de la guérison. Je suis sûre de lui" ';[50] he is a
hero in the making. In *Beau Masque*, the physically and
morally degenerate bourgeois characters bear the burden of
uselessness; Natalie Empoli writes: 'je suis une héroïne en
chômage. . . . Je guérirais vite si j'avais quelque chose à
faire'.[51] In the final chapter of *325 000 francs*, Busard, a
harrowing figure as he sits, constantly drinking, 'l'air
sombre et méchant' (p. 198), is a fallen hero.

In the early 1950s, Vailland believed he had found the key
to a well-ordered life in a binary rhythm, just as in antiquity
the year was divided 'en jours de travail, temps de concentra-
tion, et en jours de fête, ou *tout* était permis, temps de
dispersion, c'est le rythme même de la respiration'.[52] For a
number of years, this alternation worked for Vailland,
because the 'temps de travail' was well filled; by 1954, the
system appeared to be working less well, and after 1956 it
broke down completely: 'L'obsession du travail qui n'est pas
fait, mais quel travail? Aucun projet précis, mon travail'.[53]
The alternation is now between 'l'ennui' and 'la fête'; the
Ecrits intimes from 1957 onwards, and the novel *La Fête*
itself, testify to the largely erotic nature of these diversions.
Instead of achieving his ideal of 'l'unité de l'être vivant', he
had to settle, in the end, for lucidity: 'Je n'aurai vraiment
aimé que la vérité, éclatante, éclatée, vécue, réelle,
saignante, saignée; qui, que n'ai-je pas tué par amour d'elle,
y compris moi-même?'[54] Although unable to resolve – or at
least to face with serenity – some of the basic internal conflicts with which he had grown up, he was indeed singularly
lucid about the world and the people around him, and about
his own situation, his desires (or lack of them) and fears; he
was thus able to bear witness, through the tragedy of his own
life, to the tragedy inherent in all human life.

325 000 FRANCS: EXTERNAL SOURCES

There is no doubt as to the issue that provided the starting-point for the novel: '*L'Express*: Et dans *325 000 francs*, qu'est-ce qui a déclenché le roman? – R.V.: Ce sont les mains coupées'.[55] With the introduction in the early 1950s of semi-automatic injection presses, Oyonnax became known as 'la ville aux mains coupées': employers' pressure to increase productivity, employees' inexperience, fatigue caused by overtime or moonlighting, and the common practice of bypassing the safety cut-out mechanism, led to a horrific number of accidents.

Vailland, an active party member, writing numerous articles for the Communist press, and living at Meillonnas, not far from Oyonnax (see map, p. 60), offered his services for a campaign in the Grenoble Communist Party newspaper *Les Allobroges* to expose these dangerous conditions. With Henri Bourbon, Vailland made a preliminary visit to Oyonnax, where they met three recent victims of the machines; subsequently, Vailland spent a week or so in Oyonnax, gathering material for the press campaign. The effect of this on him as reported by a party worker (Bourbon?) was dramatic: 'C'est alors et seulement alors que vint l'idée de *325 000 francs*. Il nous déclara un jour: "Ce ne sont pas des articles que j'écrirai, mais un livre, car la portée sera plus grande" '.[56]

Initially, Vailland conceived the book as a 'long story'; in the event, *325 000 francs* is longer and more substantial than many a novel. It was written in the space of a few weeks (from 23 June to 5 August 1955) and, after Vailland had read it to Henri Bourbon on 14 August, the definitive text was ready by 12 September. The original journalistic impulse is still evident, particularly in the description of the press and its operation (p. 112–19), or in the analysis of the socio-economic conditions of the workers (pp. 125–7) and of the owners (pp. 126, 175).

In Vailland's earliest plans for the novel, there is no cycle race; it appears in the first sketch as chapter 2. Early titles he considered for the novel include 'Des carosses[sic]–corbillards', 'Carosse [sic]au poing', 'Un poing c'est tout', 'Aujourd'hui', and 'Départ impossible'.[57]

Origins of the characters

In *325 000 francs*, Vailland makes direct use of the material gathered in Oyonnax, together with situations, events, and aspects of characters observed in and around Meillonnas, and while covering the eastern European equivalent of the Tour de France as a reporter.

Busard is shown in chapter 1 in a positive light: if not a winner, at least a fighter. As such, he represents the culmination of a long-standing association, in Vailland's personal mythology, of cycling with freedom, virility, and the working class. The birth of Busard in the novelist's mind, however, took place at the start of the journalist's visit to 'la ville aux mains coupées': 'Je suis allé à Oyonnax et dans un café, j'ai vu un manchot qui jouait aux cartes. . . . Il tenait ses cartes dans un crochet fixé à son moignon. Le roman s'est organisé autour.'[58] This central image provides the key to the novel as a whole: for Busard, the would-be cycling champion, the finishing-line for his race is in fact Jambe d'Argent's café, and after that the factory.

Marie-Jeanne is the direct transposition of a young working-class woman living in Meillonnas, married to a jealous lorry-driver who kept an alsatian to guard her while he was away. Her appearance, her habits, her ideas, her distrust of men, even the ritual of the cherries in brandy, are all faithfully reflected in the novel, along with details taken from her long talks with Elisabeth Vailland.

Juliette Doucet is directly based on a real-life model, a young working woman, totally impervious to gossip about her various men friends, and given to riding around Oyonnax on her scooter with her blonde hair streaming. In the face of narrow provincial attitudes, this represented, in 1955, a form of courage which, in the novel, serves to highlight Marie-Jeanne's cautious pessimism.

Le Bressan was modelled on a young farmer in Meillonnas, hefty, headstrong, and with a large capacity for alcohol.[59] Vailland's interest in le Bressan went beyond the mere transposition of details; responding to a reader's comments, he wrote: 'Je suis content que tu préfères le Bressan, "personnage presque mythique"; c'est bien lui qui approche le plus de ce que je voudrais faire'.[60]

The portrait of *Jules Morel* – and of his factory – is a composite one, but the chief model was the son of an Italian immigrant who had come to France as a stonemason; Morel was the maiden name of Vailland's mother. *Paul Morel* is based on a young man from another factory – who, some years later, having set up his own factory in Meillonnas, used to fly his own light aircraft to the factory to deliver the wages: retrospective confirmation of the aptness of the portrait of Paul Morel in the novel.

Chatelard, the union secretary, with his clear-cut political attitudes formed by long experience, and his forthright speech ('– Tu dérailles', (p. 122), bears more than a passing resemblance to Henri Bourbon.

For the *narrator* and *Cordélia*, Vailland drew extensively on discussions with Elisabeth about the tribulations of the real-life Marie-Jeanne.

THE AUTHOR AS NARRATOR

In three of Vailland's novels – *Beau Masque*, *325 000 francs*, and *La Truite* – there is a narrator who is known to the main characters, thus becoming a fictional character himself.

In *Beau Masque*, the narrator's role in the story corresponds closely to Vailland's own political activities at that time; he knows many of the workers, discusses their problems with them, and is involved unmistakably on their side. In *325 000 francs*, there is a marked difference;[61] the narrator knows some of the characters, but he is not involved in their life in any way. The two narrators, separated in composition by only a year, are very different characters. Although Vailland continued, in his public activities, to live in the manner of the narrator of *Beau Masque*, none of this is apparent in *325 000 francs*.

This relative detachment on the part of the narrator in *325 000 francs* throws his role into greater relief: while it is easy to forget, after reading *Beau Masque*, that there even was a narrator, this is unlikely in the case of *325 000 francs*, even though he is absent from the story for long periods, particularly chapters 3, 5, and 7. The question of what purposes are served by the presence of a narrator in a work of fiction was one that preoccupied Vailland in later years; after writing two novels (*La Loi* and *La Fête*) in which one character is, at least in some respects, a reflection of Vailland himself (this was also true of earlier novels such as *Drôle de jeu*, *Les Mauvais Coups*, and *Un jeune homme seul*), Vailland felt that he had abandoned something of real value to him as a novelist:

> L'erreur dans *La Fête* et dans *La Loi*, la régression par rapport à *325 000 francs*, c'est d'avoir projeté l'auteur dans Duc et . . . dans Don Cesare. . . . En introduisant le narrateur comme tel, non comme témoin impartial, dieu arbitraire, mais comme enquêteur actif, modifiant nécessairement les situations, on garde les plans multiples de l'histoire (et de la géographie) sans rompre l'unité . . . que constitue l'œuvre d'art comme tout être vivant.[62]

In *La Truite* Vailland returns to the device of a narrator, who now appears as a completely detached observer of the characters and events.

In *325 000 francs* there are two observers: the narrator and Cordélia, his wife. Cordélia is not, however, merely an *alter ego* of the narrator: she seems, for example, to have greater access than he does to people in Bionnas, especially Marie-Jeanne.[63] More importantly, the narrator and his wife are

shown to be in disagreement over certain key issues involving
Marie-Jeanne and Busard: why she had for so long refused to
marry him (pp. 97–8); how to interpret Busard's pursuit of
her (pp. 131–9); finally, how Marie-Jeanne came by the
additional 300 000 francs needed to buy the *Petit-Toulon*
from Jambe d'Argent (pp. 201–3). As well as providing an
element of humour, particularly in the discussion on colo-
nialism, the master-slave relationship, and the place of
women in society (pp. 136–9), these exchanges remind the
reader that the narrator and his wife are, as observers, in no
way privileged or all-knowing. At other times, however, the
device of a narrator who is one character among many cannot be sustained: many scenes are related in detail which
neither the narrator nor Cordélia witnesses, and which they
are unlikely to have heard about at second hand.

The device of the narrator runs into difficulty when
Vailland sets out to write, consciously, as a social historian.
This is acceptable enough to the reader as long as Vailland
presents the socio-economic background to his story from
the conventional standpoint of the omniscient novelist, without recourse to the person of a narrator – describing, for
example, the specific circumstances in which, twenty years
earlier, Jules Morel had risen from worker to owner
(pp. 106–8), or anticipating the time when, twenty years
later, automation would do away with the need for the
labour of Busard (pp. 153–4).[64] At other times, however,
Vailland's concern to single out the action and characters of
his novel as unique and remarkable, smacks more of the
journalist than of the social historian: 'voilà qui remplacera
dans l'avenir le travail à la chaîne' (p. 150); 'l'une des singularités de la France au début de la seconde moitié du XXᵉ
siècle aura été . . .' (p. 177); 'De telles singularités étaient
encore possibles et même relativement fréquentes dans la
France de ce temps-là' (p. 188). Such passages give rise to the
question of who is speaking here, the author or the narrator.
Their indeterminate status is thrown into relief when they are
contrasted with passages where it is unmistakably the narrator

who is expressing his personal, and therefore relative, view of events, for example 'Tel est le ton de l'époque', etc. (p. 139). The reader is not being asked to agree with the sentiments expressed, nor even to take them literally. They are simply a response by the narrator to what he observes: events and characters excite, fascinate, provoke, annoy, or bore him, and his responses in turn involve the reader in the story. When it comes to Marie-Jeanne, however, it is clear that there is more to the narrator's detachment as regards women than meets the eye. If the narrator is put out by Busard's abandonment of his cycling ambitions and by the way he has apparently deceived Chatelard, it is above all because Busard does these things in order to marry Marie-Jeanne. Early in the novel, the narrator observes and evaluates Marie-Jeanne with his usual connoisseur's detachment, but after Busard's double submission – to her and to the machine – is established, the narrator's attitude towards her becomes one of violent rejection: '– Busard est un maladroit de l'avoir poursuivie . . . Si j'étais Busard, comme je préférerais la grosse Juliette à cette petite bourgeoise de Marie-Jeanne. – On le sait, on le sait' (p. 133). The spectacle of Busard and Marie-Jeanne's torment has conjured up in the narrator's mind some very disturbing images that put all close relationships in question; he reacts by withdrawing completely from the affair and then joining the series of callers at Marie-Jeanne's door: '– Vous aussi! s'écria-t-elle. – Non, non. Je déteste les snack-bars . . .' (p. 140); while he adopts a completely casual tone with her, his visit is presented to the reader as a last attempt to see what it is about her that attracts men, perhaps to inoculate himself against the idea that he too might fall under her spell.

In contrast to Marie-Jeanne and the machine, static instruments of danger, mutilation, and death, Juliette (always associated with her scooter) and the racing cycle represent movement, wholeness, and life. When Busard is associated with either of these, the narrator's identification with him is deep and strong (p. 78); similarly, in the café scene of chapter 6, the narrator's enthusiasm for Juliette knows no bounds (p. 159). Since by his own account the narrator's amorous adventures are all in the past, he remains a spectator while Juliette, lucid, indignant, and tender, offers Busard an alternative to Marie-Jeanne; but for both Busard and the narrator, it is all only might-have-been, a dream. It is too late for Busard, whether on his cycle or with Juliette, to be the narrator's champion.

All fiction involves its author in a certain amount of hide-and-seek with the reader, and *325 000 francs* is no exception; but Vailland's achievement in this respect is that while his narrator brings illumination and perspective to the reader's view of the other characters, and is himself distinctive enough for the reader to make some shrewd guesses as to the character and personality of the author, he is nevertheless not a complete *alter ego* of Vailland himself. In his own words, 'Il fallait que l'histoire soit sentie *par quelqu'un*';[65] the presence of that 'someone' in *325 000 francs* creates space within which the reader feels free to observe and to evaluate people and events.

SOCIAL RELATIONSHIPS IN *325 000 FRANCS*

In *Beau Masque*, Vailland weaves a broad range of characters into the central plot, giving the novel a national, even international dimension. The scale of *325 000 francs* is altogether different: instead of the interplay of multinational interests, reaching down into one particular factory, the setting for Busard's exploit is a family firm; economic interests are represented by Jules Morel, the owner, his son Paul, and Chatelard, the trade union secretary; alone outside this circuit stands le Bressan, a character from another age; broader socio-economic considerations are largely provided in the voice, on- and off-stage, of the narrator.

Jules Morel is a self-made man, not above drinking with his workers so that they can say to him ' "Vieux renégat . . . toi, tu as fait ta révolution tout seul" ' (p. 186 quoted by

Chatelard). His success, and his vision of it, are shown as
typical of men of his generation, finding, once his firm had
reached a certain level, land and property speculation easier
than further direct industrial development (pp. 107-8). His
interest in Busard is marginal: when he comes to see him in
the final stages of his work he expresses his approval in stock
phrases (pp. 184-5), reassured no doubt at seeing this apparent confirmation of his own earlier struggle. If his role in the
novel appears sinister, it is in relation not to Busard but to
Marie-Jeanne: he attempts to take advantage sexually of his
economic power over her (he is her landlord and she owes
him rent). In the final chapter, the discussion between the
narrator and Cordélia as to whether Marie-Jeanne has slept
with Jules Morel in order to pay off a 300,000-franc debt
does nothing to clarify the matter; directly or indirectly,
Jules Morel is responsible for the embittered Busard of the
end of the novel.

Paul Morel is more easily disposed of. He is best situated
in relation to his father: they are in competition for the
favours of Juliette Doucet, but while it is the son who pays
for her scooter (p. 66) and, no doubt, other luxuries, it is the
father who takes her to the Geneva regatta after the son had
refused (p. 152), and the son to whom she gives the cold
shoulder in front of Busard (p. 163). In any case, the father
keeps full control of the firm's finances, allowing his son
enough pocket-money to play around with until the time
comes for 'le mariage avec la fille d'un vrai industriel, possédant une usine *new-look*' (p. 109). Paul Morel provides the
openings for Busard's ambitions, helping him to take paid
time off from work to train (p. 106), even though he has no
real faith in him as a racing cyclist (p. 111), and persuading
his father to accept Busard's scheme for working on a press
for six months (pp. 111-12). He is the weak link in a chain
leading from his father (' "Il est resté *rouge*, comme on dit
ici" ', says Chatelard (p. 186) to his children, who will be
bourgeois through and through (p. 126).

Chatelard represents the political opposition to Busard's

exploit; the narrator points out his impeccable political record (p. 120) and his personal qualities, of which Busard has taken advantage: 'Je fus agacé qu'il eût floué le vieux délégué, dont j'avais souvent eu l'occasion d'apprécier l'intelligence claire et la fermeté d'âme' (p. 132). His strengths and weaknesses are clearly delineated: he keeps abreast of recent industrial and economic developments, and this enables him to avoid a damaging strike while winning concessions for the workers (pp. 175-6), but he is neither as quick nor as accurate as Jules Morel in working out Busard's income and the owner's profit (pp. 183-6). His political attitudes, and the language in which he expresses them, place him in the company of Vailland's two most recent Communist heroes – or, rather, heroines: Domenica, the wife of Eugène-Marie Favart ('– Les temps ne sont plus les mêmes . . . Aujourd'hui on ne peut plus transformer sa maison tout seul'[66]), and Pierrette Amable, rounding on the union leader Vizille for wanting to extract immediate revenge for the death of Beau Masque ('– Tu veux faire la révolution tout seul?'[67]). In *325 000 francs*, the ritual phrases are shared between Chatelard and a visiting union official, as they watch Busard at work: '– Le gamin aussi veut faire sa révolution tout seul, dit l'étranger. – Mais aujourd'hui, ce n'est plus possible, dit Chatelard' (p. 186). His prediction proves correct in Busard's case, but not in the way he meant it. There is a world of difference between his *political* opposition to Busard's exploit, and the narrator's *personal* rejection of Busard's fall from grace.

Le Bressan stands outside the social relationships of *325 000 francs*: his only link with Bionnas is the cycle race, and his peasant background and way of life are far removed from the realities of the plastics industry; he is not even given a name. Far from idealizing this 'personnage presque mythique', however, Vailland presents with clinical accuracy the life which awaits him (pp. 102-3). His main role in the novel is to provide an illuminating contrast with Busard; whereas Busard is tied to Marie-Jeanne and to the need to earn 325,000 francs, le Bressan is, temporarily, detached: cycling, working in the factory, are ways of occupying his year; whereas Busard is accused by Chatelard of betraying his class and by the narrator of betraying himself, le Bressan does not turn his back on his class, shows solidarity with Busard throughout the six months ('– Nous sommes les deux bœufs de la même paire, dit le Bressan' (p. 157), and at the end of the novel, he provides the 300,000 francs which enable Marie-Jeanne to extricate herself from a difficult situation. Their attitude to the injection press reflects their differences; Busard places illusory hopes in it and respects it: 'Busard contempla avec plaisir, allongée devant lui comme un bel animal, la puissante machine qui allait lui permettre d'acheter la liberté et l'amour' (p. 114); if the press is an animal for le Bressan, it is a dead one, and he has no respect for it: '– Charogne, dit-il à la machine. Il frappa une seconde fois, une tape à àssommer un bœuf' (p. 190). Placed in the same circumstances as Busard, le Bressan comes through unscathed, unperturbed, even winning the Circuit de Bionnas a second time. He is best summed up in the animal imagery which is constantly applied to him, by the narrator ('Comme un bœuf de labour' (p. 80) or by Cordélia ('Un bouvillon' (p. 71)). It is a matter of opinion whether, by cutting out direct references to le Bressan's sexual exploits,[68] and thus making 'un bœuf' out of what was originally 'un taureau', Vailland has improved the overall balance of his place in the story, particularly in relation to Busard.

PERSONAL RELATIONSHIPS IN *325 000 FRANCS*

In *325 000 francs*, the relationship between Busard and Marie-Jeanne dominates all others. Next in importance, but a long way after is that of the narrator and his wife; their discussions, not surprisingly, contain many autobiographical elements, but their relationship is not an issue in the novel: instead, it serves to focus the reader's attention on Busard and Marie-Jeanne.

Busard

To begin with Busard is presented as having heroic stature: he is described as 'grand, le visage osseux, le nez busqué, le teint sombre' (p. 64), placing him in a line of Vailland's positive characters: Marat, the central figure of *Drôle de jeu*, Madru, the railway worker in *Un jeune homme seul*, and both Pierrette Amable and the eponymous hero of *Beau Masque* are all said to be tall, strong, and (with the exception of Madru) slim. During the cycle race, Busard shows skill, courage, and determination as a cyclist; throughout chapter 1, the narrator applauds, encourages, and assists Busard. His first fall is an accident, his second brings his heroic exploit to fever pitch; his failure to win is an open event: its true significance is only revealed by what happens in the rest of the novel, when certain details, present in chapter 1, take on a new significance: the description (pp. 66-7) of the Circuit de Bionnas, 'en forme de huit', which, near the end, obliges the riders to turn their backs to the finishing line ('le coureur pense: tout est à recommencer'); or the unheroic assonance of Busard's name, rhyming with 'toquard', the unflattering name he gives himself (p. 156) when feeling the strain of the work at the press: if 'Busard' is a bird of prey, it is a small one, itself vulnerable to other predators, and even the larger 'buse' is also an unflattering name in French. With hindsight, perhaps the key suggestion that Busard's heroism is not all it might be lies in his constant search for Marie-Jeanne's approval and encouragement: true heroism is essentially gratuitous: one does not participate simply in order to win, still less to win for the sake of someone else.

In chapter 2, Busard carries out, or admits to, a series of actions which are the reverse of his exploits in chapter 1: he accepts Marie-Jeanne's imposition of a strict set of rules governing their as yet unconsummated love-making, he admits that he has hidden – like inhibited characters in three earlier novels by Vailland – near her window to spy on her at night, and, above all, he agrees, even before she has asked

him, to give up his cycling ambitions (p. 95). The new enter-
prise which he takes on – six months' work at the press – is a
latter-day version of the medieval or Renaissance code of
courtly love, in which the valiant knight had to go through a
series of trials in order to prove himself worthy of his lady-
love. But Busard's work at the press is a parody of courtly
love, degrading, not ennobling, undertaken solely in order to
satisfy the conditions laid down by a woman who has no faith
in him.

The full absurdity of the situation Busard has placed himself in is brought out in a passage in chapter 3; whereas he
believes he is being lucid and prudent about the safety cut-out
system, his train of thought jumps over what will be the
realities of the next six months of his life, to a day-dream
about the future (p. 120); what he sees as a path to freedom is
presented to the reader as a chain of enslavement.

Some realization of his predicament soon dawns on him;
he no longer has to refuse a drink (with Paul Morel): 'Il ne
faisait plus partie de la cohorte des héros' (p. 127). When
Marie-Jeanne's letter of refusal arrives (pp. 130–1) he
realizes that he has lost everything, and turns in desperation
to the narrator and Cordélia; Marie-Jeanne is won over, but
this new victory is hollow in every respect: even the con-
summation of their physical relationship suggests a weary,
defeated growing apart rather than a coming together
(p. 149). From this point onwards, his awareness of his situation and the deterioration of his condition and circumstances
advance inexorably: 'Il maigrit. . . . Une nouvelle presse
venait d'être introduite. . . . Busard s'endormit deux fois,
les mains sur la grille de sécurité. . . . Il avala deux pilules
de maxiton' (pp. 149–50). A discussion with Paul Morel
(pp. 151–3) on the economics of automation versus cheap
labour leaves its mark on Busard long after the conversation
has ended; he speaks to himself out loud, six times in four
pages (pp. 153–6). The scene in the café with Juliette (chapter 6) is a dreamlike sequence, illuminating the dangers of
Busard's situation; the alternative course of action which she

represents – to sleep with her and become a cycling champion – is less a practical proposition than a symbol of the individual heroism which, whether for socio-economic or psychological reasons, is out of Busard's reach.

In this scene, Busard appears remarkably lucid about Marie-Jeanne, but in his dealings with her he is always timid and over-respectful. The scene with Juliette marks, not the beginning of a reappraisal of his situation, but passive acceptance of his own deepening confusion. The landmarks on which he fixed his dream have become blurred, meaningless: 'les mots et les images s'étaient encrassés. Le courant ne passait plus. Un snack-bar, c'est un restaurant. . . . Marie-Jeanne, c'est une femme' (p. 172).

The cycle ride with le Bressan, early in chapter 7, brings Busard fresh hope: 'Il réfléchit qu'il était possible d'être à la fois gérant de snack-bar et coureur amateur' (p. 171), but it is merely a short-lived dream set in a context of harsh reality: the introduction of a new cooling system (pp. 166–7) which intensifies the rate of work on the press, and the threat of a strike (pp. 173–6) which would jeopardize Busard's schedule. Even the calm ease with which he explains to Le Bressan the finer points of the racing cyclist's technique only serves to underline his abandonment of a pursuit for which he had real aptitude.

Energy and effort which appeared heroic when devoted to cycling are now spent on a pursuit to which there is no glory attached. Courage becomes foolhardiness, failure to recognize the deterioration of his physical condition; determination becomes obstinacy, disregard for all considerations save that of reaching the finishing line in six months. Chapter 7 develops into a parody of the cycle race of chapter 1; when he is in imminent danger of having his hand crushed in the press, his response is a gross caricature of the cyclist's final burst: 'Il accéléra le mouvement. C'était le plus sûr' (p. 194). Chapter 1 was, after all, a dream: nothing that happened there was of any great consequence, not even his injuries (p. 85). Chapter 7 chronicles harsh reality: having morally abdicated to Marie-Jeanne, Busard is physically mutilated by the machine with which he struggled for her sake. It is not even an honourable defeat.

Whether or not the reader chooses to see in this defeat a demonstration of the necessity for working-class solidarity, the two are clearly linked in the construction of the novel. It is Chatelard who twice presents directly to Busard the issues of exploitation in general and of Busard's particular refusal of solidarity; on the first occasion Busard, ill at ease, desperate to overcome Chatelard's opposition to his plan, evades the issue of solidarity (p. 123). Much later, when a strike is called, Busard's attitude is more aggressively selfish, and when Chatelard calculates aloud, for the benefit of a visiting trade unionist, how much money Morel has made from Busard's work, Busard is openly scornful: '– Vos salades, dit-il, moi je m'en fous. Demain, à huit heures, je me tire . . .' (p. 186). This last phrase, used repeatedly by Busard, has become his stock counter to all doubts and awkward questions; for the reader, it sums up the inadequacy, or worse, of Busard's response to his predicament. All the other characters in *325 000 francs* recognize, in one way or another, that Bionnas represents a closed socio-economic system: le Bressan alone is outside this system; Busard could, perhaps, have made a noble escape, through cycling. Instead, because of Marie-Jeanne, he puts himself inside the system, while believing that he is free of it ('Il n'était pas lié à la presse pour la vie, comme la plupart de ses camarades d'atelier' (pp. 119–20), and then nevertheless refuses solidarity. Exploited by Morel, heedless of his fellow-workers, scornful of Chatelard's efforts on their behalf, Busard becomes an unheroic, vulnerable, isolated figure; the accident, when it comes, confirms and makes irreversible a process which is already complete.

Marie-Jeanne

'Il y a toujours deux femmes dans mes romans: une épouse et mère, haïssable, que j'ai envie de tuer et puis une fille-merveille que je ne peux pas atteindre . . .'[69] The combination, in Marie-Jeanne, of elements reaching deep into Vailland's perception of the basic male-female relationship, with his keen sense, at every stage in the story, of what motivates her and how Busard reacts to her, places her amongst the most memorable characters of all his novels. She emerges, even above le Bressan or Juliette, as the most strongly mythological character of the novel.

From the outset, Marie-Jeanne is presented as calm and composed; with one exception ('– Vas-y, fonce' (p. 83) she appears throughout the cycle race as self-contained, undemonstrative: something of a mystery, in fact. When, in chapter 2, the focus turns from Busard to her, she is seen to be uncomplicated in her ways and ideas; she talks quite naturally to Cordélia about men and money, and the narrator appears to approve of her direct nature: 'Marie-Jeanne avait le naturel qui n'est plus l'apanage que du peuple' (p. 87). As it does with Busard, the narrator's attitude to Marie-Jeanne changes; far from being honourably associated with 'le peuple', she becomes 'cette petite bourgeoise' (p. 133). Her directness and sureness of judgement are shown to be a defence mechanism; she has been abused by men in the past (p. 97), and now applies the same recipe of caution, even immobility, to her relationship with the candid Busard. She refuses factory work for herself (although she lives in accommodation rented from Jules Morel), and refuses to marry a factory worker, realizing that it would diminish her standard of living for the foreseeable future; on these points, her attitude is shown as consistent with the common knowledge and experience of 'toutes les femmes de Bionnas' (p. 98): she is fully aware of the contradiction, for herself and for Busard, between the demand for individual happiness, and the conditions necessary for its realization.

The result is deadlock, broken only by Busard's dogged insistence and his evident willingness to sacrifice anything and everything in order to possess her. Forced to envisage the future, she takes her stand: '– Je veux quitter Bionnas, dit Marie-Jeanne. Voilà ma condition' (p. 99); given a glimpse of freedom, she remains calm and composed: 'Il avait peur à la voir si maîtresse d'elle-même (p. 99).

Although she has been brought to say 'je veux', she has not herself chosen the new situation, and so does not feel committed to what Busard does in their name: she lets him sign the contract for the snack-bar and start work at the press, but when she discovers that he has, rather shabbily – and unnecessarily? – pretended to Chatelard that she is pregnant, she feels betrayed and calls the whole thing off. When she finally relents, this is not an independent decision to forgive Busard, but a passive response to the pressure bearing on her from various quarters, not least from her landlord, Jules Morel. Perhaps it is as much to escape his clutches as for any other reason that she consents, at last, to become officially engaged to Busard. If she does now see Busard as a way out, a means of revenge for oppression, her new attitude will prove to be just as much a delusion as Busard's aggressively repeated 'Je me tire': in chapter 8, the figure of Jules Morel looms up again, finally poisoning her relationship with Busard; there is talk of both of them taking jobs at the factory, and she, her mother, and Busard 'vivront tous les trois dans le baraquement de la Cité Morel' (p. 204).

Just as, in chapter 1, Marie-Jeanne's only moment of emotion comes near the end of the race (p. 83) so, in chapter 7, she comes to the factory for the first time in her life, after everyone else, within a day or so of the finishing date. Now at last she is moved to show pity, concern, or more (pp. 189–90). Where Busard's sister Hélène, faced with the reality of his degraded state, had been shocked to the point of throwing water at his face to bring him to his senses and make him stop ('– Rentre à la maison, dit-elle' (p. 181), Marie-Jeanne buys eau de Cologne to enable him to carry on ('– Continue, dit-elle, continue . . .' (p. 189). The sight of Busard's suffering moves her, not to revolt or protest, but to imagine, for the first time, their future life together; on seeing what he has done for her, she realizes that he has become dependent on her.

Herself a victim of society, Marie-Jeanne in her turn victimizes Busard, bringing about his downfall. This is apparent both in the events of the story itself and in the way she is described and presented to the reader. Repeatedly, the details given and the images used to describe her recall blood, death, and mutilation: her lacquered fingernails (p. 63), her harsh voice (p. 87), her sharp teeth (p. 94), her sudden fiery colouring (p. 94), the images of death and surgery evoked by the narrator as he observers her (p. 142). Above all, she is linked inescapably for the reader with the injection press; Marie-Jeanne: 'Elle a les incisives menues, bien alignées, coupantes comme une faucheuse' (p. 94); the press: 'Ce ventre peut à l'occasion se transformer en mâchoire capable de broyer n'importe quel poing' (p. 115). Around the figure of Marie-Jeanne, Vailland assembles a series of associations reinforcing the suggestion, implicit in the story, that Marie-Jeanne is to some extent responsible, with Busard himself, for his failure.

Juliette Doucet

Juliette Doucet, the inaccessible 'fille-merveille' of Vailland's personal mythology, is the opposite of Marie-Jeanne in almost every respect; this serves as a reminder that Marie-Jeanne, although a victim of society, is also a victim of her own character, which is not determined wholly by society. Juliette is out of Busard's reach, not because of her temperament ('– Si tu voulais, Busard . . .' (p. 163), but because of his; she works at the factory, but appears to be, psychologically, free of its influence; by offering herself to every man, she belongs for the time being to none, least of all to Jules Morel; seeing Busard's degradation and enslavement, she tries to stop him drinking, telling him he is putting himself at the mercy of Jules and Paul Morel (p. 162); she stays in the café with him, tucking him up with a blanket so that he can get some sleep: '– Comme j'aurais bien su t'aimer, dit-elle' (p. 165).[79] Juliette is associated with life, well-being, and freedom; like le Bressan, she is a mythological figure, untouched by the realities to which Busard is enslaved.

325 000 FRANCS: STRUCTURE AND IMAGERY

French classical theatre of the seventeenth century, with its emphasis on unity of action, time, and place, and even the division into five acts, is a constant reference-point for Vailland: 'Je pars toujours d'une histoire composée de cinq panneaux sensiblement égaux. Les cinq moments de la tragédie. Je conçois le roman comme le récit d'une tragédie. Je ne crois pas cette division arbitraire'.[71] This assertion is confirmed by the structure of novels such as *Drôle de jeu*, *Beau Masque*, *La Loi* – and *325 000 francs*. He considered that

> le schéma de l'action dramatique: exposition, nœud, développement, crise, dénouement, s'applique également à toutes les sortes de récits organisés, par exemple à un bon reportage, ou à un roman policier bien fait. Peter Cheyney le connaissait très bien: le découpage de ses meilleurs romans noirs correspond exactement aux cinq articulations de la tragédie classique.[72]

All this suggests a preoccupation with form for form's sake; six years earlier, however, analysing the structure of one of Cheyney's novels, Vailland comes to an altogether different conclusion: 'Des personnages de Peter Cheney [*sic*], on oublie immédiatement tout, sauf qu'ils boivent du whisky. C'est la tragédie vidée de tout contenu, ramenée à son seul mécanisme qui fonctionne à vide'.[73]

In 1951, Vailland's preoccupation with form and structure, modelled on classical tragedy, arises from his search for heroic substance, in life as in art: 'La clef du *Jeune homme seul*, c'est la référence à Corneille comme préférence littéraire d'Eugène-Marie Favart'[74]: form and substance are equally indispensable and cannot be dissociated. Yet six years later Vailland speaks approvingly of the classical form of Cheyney's novels, without mentioning their lack of substance: the association between Vailland's need to see his own life in heroic terms, and the heroic cause of Communism, has been broken, and the spectre looms up of life as a closed cycle, repetitive and meaningless. This fear is already present in *Drôle de jeu*: Marat refers to 'l'horreur des adolescents pour les existences faites de cycles qui se répétent',[75] and quotes a Spaniard who, in 1940, told him that ' "maintenant, il ne se passe plus rien . . . *Il ne se passera plus jamais rien*" '.[76] In *325 000 francs*, Marie-Jeanne's reflections on the life of a typical worker in Bionnas, and the narrator's evocation of the life which awaits le Bressan, end with the same harrowing phrase: 'et rien d'autre jusqu'à la mort' (pp. 99, 103).

The structure of *325 000 francs* emphasizes the absence of any heroic substance: Busard's accidental falls at the beginning prefigure his eventual defeat by the machine he has tried to use for unheroic ends. What remains is a shell, the mere form of classical tragedy, which the action of *325 000 francs* follows perfectly:

(1) *Exposition* ('l'exposé d'une situation qui renferme une contradiction'[77]): chapter 1. Busard's cycling ambitions are not shared by Marie-Jeanne, whom he loves.

(2) *Nœud* ('la contradiction se transforme en conflit'[78]): chapter 2. Marie-Jeanne, pressed by Busard, explains herself; in turn, she obliges him, if he wants her, to give up cycling.

(3) *Développement* ('développe dans toutes ses conséquences le conflit *noué* à l'acte précédent'[79]): chapters 3 to 6. The conflict between Busard and Marie-Jeanne comes out immediately: she breaks off their agreement and relents only under pressure. Meanwhile Busard

submits to the machine; the development is complete when, engaged to Marie-Jeanne and enslaved to the machine, he is given a brief vision of Juliette, whose favours he has refused.

(4) *Crise* ('C'est un acte d'action par excellence. . . . Le conflit central se résoud'[80]): chapter 7. After a brief lull (two days off work; the cycling outing), everything accelerates with the new rate of working; 'On en est au sprint' (p. 183); the actors in the drama appear one by one, and the accident happens.

(5) *Dénouement* ('la situation nouvelle née de la résolution de tous les conflits initiaux[81]: chapter 8. Busard has married Marie-Jeanne and become a café-owner, but it is a defeat, not a victory.

Thus analysed, *325 000 francs* emerges as a carefully constructed work. Unity of form is enhanced by economy of content: no scene recurs, details are repeated only in order to highlight or accompany new situations; the part played by each character is clearly defined. The first chapter contains all the seeds of the action, which unfolds along a rigorous chain of cause and effect.

This ordered framework and linear construction of 325 000 francs, while superficially similar to those found in many a *roman policier*, do not restrict the reader of Vailland's novel to a set of narrow interpretations and stock responses. The reader of *325 000 francs* is free to discover a rich archaeological store: layers of meaning range from overt social analysis and commentary, through a lucid and perceptive presentation of individual psychology and personal relationships, to a wealth of mythological and symbolic elements, some of which can be traced to conscious intention on the part of the author, while others lie in the most inaccessible stratum of his unconscious mind.[82] If the substance of tragedy in the heroic, Cornelian sense of the word has been banished from the world of *325 000 francs*, the different layers of material and meaning in the novel combine to make a statement which is essentially tragic about the unremitting struggle between human life and aspirations and the forces of death and destruction.

These forces are represented, most obviously, by the injection press which Busard seeks to use for his own ends but which, eventually, maims him. This machine stands at the centre of a whole web of images and associations.

The press itself is described in great detail (pp. 112–13), in terms which make it appear like a living creature: powerful, fascinating, dangerous, with a voracious appetite ('le réservoir, qu'il faut remplir plusieurs fois par jour'), sturdy and invincible ('le cylindre . . . posé sur quatre poteaux comme un lion sur ses pattes'). With the description of the heart of the machine's operations ('moule', 'ventre', 'matrice' (pp. 113–14), the creature becomes no longer merely animal, or even human, but superhuman: it is at one and the same time male and female; or, if it is female, it is self-sufficient.[83] The devastating power represented by such a formidable creature is reduced to manageable proportions by the factory workers, who make constant jokes about the superficial similarity between the operation of the press and the sexual act,[84] just as many of them take the risk of working without the protection of the safety mechanism (p. 119).

The plastic object produced by the press becomes part of the associations radiating from the machine itself: previously it was black and was given away to Americans as a model of a hearse advertising a firm of undertakers (p. 115); now it is red and is sold to Africans as a toy Louis XIV-style carriage (p. 168). Either way, it is superficially trivial but symbolically linked with blood or death.

In chapter 1 the images of death and defeat are centred, not on Marie-Jeanne, but on Busard's challengers in the race; they are described, as they close in on him ('le peloton qui se rapprochait, majestueux, inexorable' (p. 83), in terms which are strongly echoed during the passage in chapter 3 on the operation of the presses: 'les tiges des pistons . . . allaient et venaient, dans une majestueuse lenteur' (pp. 117). Both

passages evoke images of invincibility, the embodiment of all
Busard's fears, harbingers of his defeat. The leader of the
bunch is Lenoir (who wears a red jersey); at the end of the
race, only le Bressan beats him to the line. Lenoir, with the
bunch spread out behind him, bearing down on Busard
('buzzard'), could be one of the pack of crows who, during
Pierrette and Beau Masque's idyllic hillside outing, attack a
kite: 'Trois corbeaux surgirent, montés du grand creux. . . .
Le milan fit face en miaulant. . . . "Les corbeaux gagnent
toujours", cria Pierrette'; and, later: 'le milan se défendait
maintenant contre dix corbeaux'.[85] Already in *Les Mauvais
Coups*, there is a startling passage where the main character,
Milan, engages in a furious single-handed combat with a
crow (one of a vast flock) which he has shot but not killed.
Whereas this Milan wins the struggle, Beau Masque and
Pierrette are spectators, and Busard loses.

The structure and imagery of *325 000 francs* suggest death
in another guise: that of death-in-life, life as an endless rep-
etition. The obvious manifestation of this is the work on the
press, but here too a set of interlocking associations is
involved, for it is the machine which ultimately keeps Busard
and Marie-Jeanne trapped in Bionnas, a fate representing a
living death. The format of the Circuit de Bionnas ('petite
boucle', 'grande boucle') reflects the structure of the novel as
a whole, with the cycle race of chapter 1 followed by the
much longer endurance test of chapters 2 to 7. Bionnas, in its
turn, can be seen as the 'petite boucle' in relation to the great
outside world which is as unreal and as inaccessible for
Busard and Marie-Jeanne as that other 'grande boucle' that
Busard once dreamt of: the Tour de France.

'Le Circuit de Bionnas est en forme de huit' (p. 66); the
figure 8, laid on its side, becomes the symbol for infinity:
there is no way out, the action of *325 000 francs* turns in on
itself, with both Busard and Marie-Jeanne more firmly tied
to Bionnas and to the factory than they were at the start; all
this is spelled out, appropriately enough, in chapter 8.

This circular construction of the novel, coexisting with the traditional, heroic five-part plan of the action, reflects the place of *325 000 francs* in Vailland's work: as a transition between the 'search for heroism' of *Un jeune homme seul* and *Beau Masque*, and the closed worlds depicted in the closed structure of *La Loi* and *La Fête*.

The thematic and structural unity of *325 000 francs* is well served by a corresponding unity of tone and texture: the narrator's reflections on 'la forme' (pp. 77–8) and his wide-ranging discussions with Cordélia (pp. 135–9) arise directly from the action, and provide the reader with alternative ways of responding to past and subsequent events in the story; even the laboured pages[86] on the injection press and its operation (pp. 112–19) can be read on more than one level, reinforcing their links with other aspects of the novel. Apart, perhaps, from these passages, a characterisitc of Vailland's style in *325 000 francs* is that it draws attention less to itself than to the matter in hand: the reader's pleasure is the greater because the writer has worked to achieve the appropriate form – words, rhythm, balance – for what he has to say.

Many passages in the novel lend themselves to stylistic analysis, for example:

pp. 81–2	The direct, narrative presentation of pp. 68–81 gives way to an intense passage where mythological elements come to the fore: more is at stake than a cycle race
p. 93	Marie-Jeanne's reverie, centred on the deadly image of the 'peloton', is a starkly negative commentary on Busard's hopes, culminating in a single verb in the future tense
pp. 98–9	now, the future tense dominates a whole passage, which unfolds once again with implacable logic, this time leading not just to failure, but to death
pp. 116–17	Busard, like his fellow-workers, day-dreams in order to relieve monotony (conveyed by the series of verbs in the imperfect tense); he

imagines he is freer than they are, but his fantasy, shot through with images of blood and death, suggests that this is not the case

p. 155   Busard's thoughts dart from one image to another, punctuated by the relentless details of his work; suddenly, with his imagination at fever pitch, his confidence is punctured. In the confusion of his thoughts, the single verb in the future tense counts for little

pp. 163–4   the dialogue between Busard and Juliette, presented without commentary or accompaniment, is as eloquently evocative of his predicament as any passage of analysis

pp. 195–6   just before Busard's accident, a passage in the future tense, representing his dreams, is followed by a parallel series of past historics: Busard's vision of the future is, for once, proved correct – with the cruel difference that he had not imagined the accident happening to him.

At several points in the novel, the future tense draws attention to Busard's and Marie-Jeanne's conflicting visions of life. Events, unfolding inexorably in the past historic, prove her right: he loses everything in pursuit of a woman for whom past and future are indistinguishable, leaving no room for the present. His cry is for the present: '– Je veux, dit farouchement Busard, vivre aujourd'hui!' (p. 128); but it is the future, as seen by Marie-Jeanne's mother, which has the last word: '– Nous serons pas mal à l'aise, dit Mme Lemercier' (p. 204).

INTERPRETATIONS OF *325 000 FRANCS*

'*325 000 francs*, le meilleur de mes romans, vrai rêve, rêve vrai, une vraie histoire qui peut être interprétée totalement par Freud, par Marx, et encore par bien d'autres, elle a toutes les faces possibles de la réalité'.[87] This judgement by Vailland of his novel, seven years after its publication, remains perhaps the best guide to its interpretation; political and socio-economic elements (Marx) and conscious or unconscious psychological factors (Freud) are both subject to the criterion of realism; the issues raised in *325 000 francs* are open to interpretation in as many ways as similar events in reality; no viewpoint, even that of the author, occupies a privileged position.

In keeping with the circumstances in which the novel came into being, Vailland initially encouraged its presentation as a demonstration of the necessity for working-class solidarity;[88] he envisaged it as serving the same purposes, but to better effect, as a series of articles. When in 1956 the edifice of political commitment collapsed, he reclaimed possession of his own works, past and future: 'L'art au service du peuple est aussi dévergondé que l'art au service des marchands de tableaux'.[89] Not that Vailland was indifferent to his readership, even during his periods of greatest detachment and 'ennui': 'Il m'est absolument nécessaire d'écrire et que ce que j'écrive soit lu'.[90]

With *Beau Masque*, and then with *325 000 francs*, Vailland found his audience.[91] *L' Humanité* serialized the complete text of *325 000 francs* from December 1955; the campaign against dangerous presses was pursued, and in June 1956 Vailland, on his return from Moscow, attended a workers' meeting at the Renault factory in Billancourt:

> Il se crée une grande émotion, quand Jeanne Moreau lit l'accident de Busard. . . . 'Mais, dit un délégué, les gars viennent me voir avec le roman de Vailland à la main. . . . Alors, si le roman est noir, nous en devenons, nous syndicalistes, les héros positifs'[92].

Confirmation that the novel's realism was not one-sided came in a different, and not entirely unexpected, way; in Vailland's words: 'je viens d'apprendre qu'après avoir lu *325 000 francs*, un jeune ouvrier de la matière plastique a

décidé, comme mon héros, de travailler jour et nuit pour
offrir un snack-bar à sa bien-aimée; il y a déjà perdu trois
doigts',[93] and a journalist claimed to have found two other
cases.[94]

Much of the dramatic force of the novel springs from the
opposition between the mythological Busard whom the narrator (initially) and the reader (throughout) will to win, and
Busard as he is actually presented in the story: a young
worker with limited powers who allows himself to be robbed
of dignity by Marie-Jeanne ('Busard est un maladroit de
l'avoir poursuivie pendant dix-huit mois, sans l'obtenir'
(p. 133) and by the machine (his exploit is described as 'une
entreprise attentatoire au principe même de la vie' (p. 182).
In this way, the original political message of 325 000 francs
emerges as a by-product of a specific set of social and psychological circumstances, realistically described. Is Busard pun-
ished for allowing his head to be turned by Marie-Jeanne or
for turning his back on working-class solidarity? Both interpretations are possible, for in both respects Busard has
become the antithesis of the 'bolchevik' hero, stripped of any
mythological aura. Vailland's later judgement is implacable:

> Busard, coupé de sa classe, veut faire la révolution pour
> lui tout seul et repousse l'amour de Juliette pour con-
> quérir Marie-Jeanne, femme frigide qui, comme une
> mère abusive, exige de lui des exploits, à bicyclette ou sur
> la presse à injecter.
>
> Il y perd son poing viril et sa main de travailleur.
> Châtré et manchot.[95]

What strikes Busard down is not Fate, but his own character;
as Elisabeth Vailland reminds us, '325 000 francs . . . c'est
aussi le récit d'une sorte de suicide'.[96]

In many respects, Busard and Marie-Jeanne are ignorant
of the world beyond their immediate environment and preoccupations, and of the forces at work in it: 'Ils se trouvaient
l'un et l'autre ouvriers à Bionnas, ville ouvrière . . . aussi
ignorants des événements de leur temps que Paul et Virginie

dans leur île' (pp. 187-8). Because they are unable to imagine a way of life different from their present one, except in the form of stereotypes ('un vrai métier', 'un snack-bar', 'une Cadillac', etc.), they allow themselves to be drawn into an endless tunnel, with no control over events. Their ignorance and resultant vulnerability are shown to be a principal cause of their failure.

Through their story, basic human values (individual ambition, solidarity, love, security, sacrifice of the present to the future) become live issues: at each stage, the reader is led to consider what courses of action are open to the characters, and why they act as they do. Central to the pleasure of reading or rereading the novel is the author's respect for reality, giving full weight to both personal and social factors, and his respect for his readers, who are allowed to interpret the story as they choose. In this way, Vailland remains faithful to the conception of the novel which he formulated in an article on *Manon Lescaut*:[97] 'Je ne suis pas de ceux qui croient qu'un roman doit être nécessairement édifiant pour être digne d'éloges. La littérature, comme l'amour, est *aussi* un plaisir – pour le lecteur comme pour l'écrivain'.

CRITICAL RECEPTION OF *325 000 FRANCS*

With a few exceptions, critical response to *325 000 francs* has been favourable. To begin with, the majority view – shared by right and left – was that the novel set out to demonstrate the impossibility of an individual solution to a social problem.

The orthodox Communist view was expressed by André Wurmser in *Les Lettres françaises* (18 July 1957): 'Il avait écrit *325 000 francs*, l'un des meilleurs livres de ces dernières années, pour dévoiler la vanité de toute solution individuelle au problèm de la libération des esclaves et placarder l'inhumanité des maîtres'.

From a different corner, in *Paris-Presse* (3 August 1957), Pascal Pia saw Vailland's novels as backing up the slogans of the communist-dominated CGT (Confédération générale du travail): 'Dans *325 000 francs*, par exemple, les malheurs d'un ouvrier d'Oyonnax, coupable d'avoir voulu assurer lui-même son avenir, dénonçaient la vanité de tout effort de libération personnelle'.

Pierre de Boisdeffre, in *Combat* (8 September 1957), also saw Vailland's novels as conforming to party orthodoxy but he is more sympathetic towards *325 000 francs*: 'Ce dernier roman était conçu comme une démonstration, d'ailleurs convaincante, du précepte: "Nul ne peut sortir de sa classe" et faire sa révolution tout seul'.

But René Fallet, in *Le Canard enchaîné* (19 December 1955), was not convinced: 'Roger Vailland, qui aurait pu être un grand écrivain, ne rédige plus que vains et tristes tracts de propagande'.

Further to the right, and several years later, Robert Poulet, in *Rivarol* (6 February 1969), levels a more specific charge: 'Un roman comme *Beau Masque* ou comme *325 000 francs*, montre quel amas de principes et de consignes le "Parti" fait peser sur l'imagination des écrivains, même sur une imagination aussi capricieuse de nature'.

With time, however, a broader view emerged of Vailland's achievement in *325 000 francs*. Already in 1955, Emile Henriot, in *Le Monde* (19 December 1955), had singled out the novel's qualities of style and observation: 'Dans ce nerveux *325 000 francs*, c'est M. Vailland, plume en main et le regard aigu braqué sur l'objet, qui m'a tout au long paru occuper la vedette. Il écrit très bien, court et net, il juge autant qu'il peint'.

Bernard Clavel, speaking on the local radio station RTF-Lyon in the summer of 1960, emphasizes the human qualities of the novel: '*325 000 francs* n'est pas seulement l'aventure d'un ouvrier d'une petite ville qui lutte pour s'évader, il est aussi et surtout le portrait d'une époque et d'une condition de vie; un portrait sévère, lucide, émouvant jusqu'à l'angoisse'.

For François Nourissier, in *Les Nouvelles littéraires* (20

May 1965), the main achievement of the novel is as a social document: 'militant essayant de mettre la littérature au service du combat qu'il avait choisi, Vailland écrivit au moins un récit magnifique, *325 000 francs*, qu'on relira dans cinquante ans quand on voudra comprendre ce que fut, vers 1955, l'embourgeoisement du prolétariat français'.

In an article in *Le Monde* (12 April 1967), entitled 'Forme classique, ton moderne', François Bott sees as characteristic of Vailland's work as a whole, the qualities found in *325 000 francs* by the critics already quoted: 'Une forme classique, mais le ton le plus moderne: avec intelligence et clairvoyance, il a fait la chronique de ce temps'.

Perhaps the most perceptive assessment of Vailland's achievement appears in Michel Picard's *Libertinage et tragique dans l'œuvre de Roger Vailland*; at the conclusion of a study which is likely to remain for some time the principal landmark in Vailland criticism, Picard declares:

> Ce que cette étude a tenté de montrer, c'est justement ce paradoxe: que l'extrême singularité de l'écrivain lui a précisément permis, grâce à une familiarité constante avec le tragique . . . de *formuler* tous les problèmes des hommes de notre temps, ceux que posent la condition virile, la réinvention du couple, la compréhension de la société, l'action politique . . . Il est probable que son œuvre apparaîtra un jour comme l'une des plus importantes et des plus représentatives de la littérature française entre 1945 et 1965.[98]

NOTES TO THE INTRODUCTION

1 Andrée committed suicide in 1962.

2 He declared, in a letter to Pierre Courtade: 'Dans les circonstances actuelles, il n'est plus possible, pour moi, comme pour toi, d'écrire autrement que dans une perspective totalement communiste' (*Ecrits intimes*, Paris, Gallimard, 1969, p. 271, 9 August 1950).

3 'Je participais aux réunions où se préparaient les *actions* politiques, je parlais dans les meetings, je défilais avec les militants' (*Le Regard froid*, Paris, Grasset, 1963, p. 111).

4 'Pour Roger, Bourbon était le "bolchevik intégral", sans doute celui qu'il rêvait alors d'être ou de devenir . . . . Roger aimait tant Bourbon!' (E. Vailland, *Drôle de vie*, Paris, Lattès, 1984, pp. 121-2.

5 'au centre un révolutionnaire professionnel, ce que je n'ai pas réussi avec Pierrette Amable, la solitude du communiste quand il est à l'avant-garde, l'avant-garde est par définition seule' (Letter to Sylvestre Faucon, *Ecrits intimes*, p. 475, 27 February 1956).

6 ibid., p. 517, 14 November 1956.

7 *ibid.*, pp. 442-3, 448.

8 *Bon pied bon œil*, Paris, Livre de Poche, 1973, p. 161; all page references are to this edition.

9 *Un jeune homme seul*, London, Methuen, 1985, p. 214; all page references are to this edition.

10 Compare Vailland's account, ten years earlier, of a dream: 'je courais genre cross-country dans une file de jeunes garçons et filles (autres files rivales), j'entendais dire "*c'est toujours le grand Vailland*" ("*il n'a pas perdu sa forme*")' (*Ecrits intimes*, p. 110, 3 December 1945).

11 ibid., p. 712, 15 January 1963.

12 All that remains for Busard, in the way of 'la forme', is to work in the factory – called Plastoform but spelling death to 'forme' – turning 'la *matière* plastique' into objects that are shape ('forme') and nothing else. Above all, he does this for Marie-Jeanne, who is described as having neither life nor depth: she too is an empty 'forme', unlike the more substantial and palpable Juliette.

13 *Le Monde*, 19 December 1955.

14 Article in *La Nouvelle Critique*, January 1956, repr. in *Chronique d'Hiroshima à Goldfinger 1945/1965*, Paris, Messidor/Editions sociales, 1984, p. 472.

15 ibid.

16 *Ecrits intimes*, p. 225, 6 June 1950.

17 ibid., p. 551, 3 May 1958.

18 ibid., p. 450.

19 ibid., p. 639, 3 November 1961.

20 See, for example, *ibid.*, p. 675, 9 January 1962.

21 *Un jeune homme seul*, p. 181.

22 *Beau Masque*, Paris, Livre de Poche, 1970, p. 203; all page references are to this edition.

23 *Un jeune homme seul*, p. 201.

24 *Beau Masque*, p 444.

25 *Ecrits intimes*, p. 549, 29 April 1958.

26 ibid., p. 753, 13 July 1964.

27 M. Chaleil (ed.), *Entretiens: Roger Vailland*, Rodez, Ed. Subervie, 1970, p. 94.

28 *Ecrits intimes*, p. 449.

29 ibid., p. 448.

30 *Beau Masque*, p. 341.

31 Article in *La Nouvelle Critique*, January 1956, repr. in *Chronique d'Hiroshima à Goldfinger* , pp. 475–6.

32 *Ecrits intimes*, pp. 484–509.

33 ibid., p. 486

34 For M. Picard, Vailland never succeeded in escaping from the primitive duality of the child-mother relationship: 'Roger Vailland ne parvient pas à penser dialectiquement' (*Libertinage et tragique dans l'œuvre de Roger Vailland*, Paris, Hachette, 1972, p. 373).

35 *Drôle de jeu*, Paris, Livre de Poche, 1972, p. 165; all page references are to this edition.

36 *Bon pied bon œil*, p. 170.

37 *Beau Masque*, p. 329.

38 *Ecrits intimes*, p. 470, 9 May 1955.

39 ibid., p. 471.
40 Article in *L'Avant-Garde*, May 1955, repr. in *Chronique d'Hiroshima à Goldfinger*, pp. 340–1.
41 *Ecrits intimes*, p. 573, 1 June 1958, for example.
42 ibid., p. 644, 6 November 1961.
43 In the earliest (1952) version of the novel, Beau Masque was a North African. Years later, referring to his Communist period, Vailland notes that 'déjà il n'y avait plus d'hommes nus en France que les Nordafs' (*Ecrits intimes*, p. 798, 11 November 1964).
44 ibid., p. 509, 5 June 1956.
45 ibid., p. 798, 11 November 1964, FTP: les Franc-Tireurs et Partisans, the principal Communist Resistance group.
46 ibid., p. 633, 21 October 1961.
47 *Expérience du drame*, Paris, Corrêa, 1953, pp. 61–2.
48 *Ecrits intimes*, pp. 573, 655, 673, and 802, for example.
49 ibid., pp. 818, 15 February 1965.
50 *Un jeune homme seul*, p. 159.
51 *Beau Masque*, p. 280.
52 *Ecrits intimes*, p. 256, 10 July 1950 (letter to Elisabeth).
53 ibid., p. 615, 15 September 1961.
54 ibid., p. 829, 15 March 1965.
55 Interview with *L' Express*, 12 July 1957, repr. in *Chronique d'Hiroshima à Goldfinger*, p. 481.
56 *Chaleil, op. cit.*, p. 92.
57 The manuscript of *325 000 francs*, with plans, sketches, drafts, and other material, is in the Médiathèque Elisabeth et Roger Vailland, Bourg-en-Bresse. For a detailed study of the genesis of the novel, see C. Petr, *Singularité de Roger Vailland*, Paris, Aux Amateurs de Livres, 1988, part 5, ch. 3.
58 Interview with *L'Express*, 12 July 1957, repr. in *Chronique d'Hiroshima à Goldfinger*, p. 481.
59 In articles published in *La Tribune des Nations* in 1951, Vailland describes the customs and way of life in rural Bresse. See, for example, *Chronique d' Hiroshima à Goldfinger*, p. 142.
60 *Ecrits intimes*, p. 475, 27 February 1956.
61 Early drafts of *325 000 francs* contain references to the narrator's journalistic activities – and to his private life – which are omitted in the final version. See Petr, op. cit.
62 *Ecrits intimes*, p. 654, 23 November 1961.
63 In the same way, Elisabeth Vailland gathered material for the novelist's work and, more generally, fostered links with the outside world: 'j'aime Elisabeth d'aimer les gens, c'est

difficile, indispensable médiatrice' (ibid., p. 785, 21 September 1964).

64 In Oyonnax, a plentiful supply of cheap immigrant labour postponed this process.

65 Interview with *L'Humanité*, 27 October 1964.

66 *Un jeune homme seul*, p. 201.

67 *Beau Masque*, p. 434.

68 See Petr, op. cit.

69 Interview with *L'Express*, 29 April 1964, repr. in *Chronique d'Hiroshima à Goldfinger*, p. 507.

70 A year later, recounting a dream he had had in 1942, at the time of his second break with drugs, Vailland associates this same phrase with 'la fille-merveille, consentante et inatteignable' (*Ecrits intimes*, p. 491, 5 June 1956).

71 Interview with *Réalités*, March 1964.

72 Inteview with *L'Express*, 12 July 1957, repr. in *Chronique d'Hiroshima à Goldfinger*, p. 486.

73 Article in *La Tribune des Nations*, 13 July 1951, repr. in *Chronique d' Hiroshima*, p. 282.

74 Letter to Pierre Berger, *Ecrits intimes*, p. 443, November 1951.

75 *Drôle de jeu*, p. 226.

76 ibid., p. 157.

77 Interview with *Réalités*, March 1964. Vailland analyses the five stages of the action in a classical tragedy in *Expérience du drame*, pp. 41-5.

78 *Expérience du drame*, pp. 41-5.

79 ibid., pp. 42-4.

80 ibid.

81 ibid.

82 See the analysis of *325 000 francs* in Picard, op. cit., pp. 334-45.

83 Picard, op. cit., p. 338.

84 It is the female, not the male, part of the press that moves (p. 114).

85 *Beau Masque*, pp. 162-3.

86 On the manuscript of *325 000 francs*, these pages show a high level of additions and deletions. See Petr, op. cit.

87 *Ecrits intimes*, p. 712, 15 January 1963.

88 For example in *L'Humanité*, 3 October 1955.

89 *Ecrits intimes*, p. 490, 5 June 1956.

90 ibid., p. 751, 6 July 1964.

91 Not without certain difficulties: '*Beau Masque* était dans la ligne, et *325 000 francs*, non! . . . pour un certain nombre de communistes *325 000 francs* n'était qu'un acte négatif, dans la

mesure où son auteur se contentait de dénoncer un ouvrier qui travaillait au noir' (E. Vailland, op. cit., p. 136).

92 Article in *L'Humanité*, 4 June 1956.
93 Interview with *L'Express*, 12 July 1957, repr. in *Chronique d'Hiroshima à Goldfinger*, p. 485.
94 Article in *L'Humanité-Dimanche*, 18 December 1955.
95 *Ecrits intimes*, pp. 712–13, 15 January 1963.
96 E. Vailland, op. cit., p. 137.
97 Article in *Action*, March 1949, repr. in *Chronique d'Hiroshima à Goldfinger*, p. 298.
98 Picard, op. cit., p. 534.

SELECT BIBLIOGRAPHY

WORKS BY VAILLAND

Novels

1945 *Drôle de jeu*, Paris, Corrêa (Prix Interallié).
1948 *Les Mauvais Coups*, Paris, Sagittaire.
1950 *Bon pied bon œil*, Paris, Corrêa.
1951 *Un jeune homme seul*, Paris, Corrêa.
1954 *Beau Masque*, Paris, Gallimard.
1955 *325 000 francs*, Paris, Corrêa.
1957 *La Loi*, Paris, Gallimard (Prix Goncourt).
1960 *La Fête*, Paris, Gallimard.
1964 *La Truite*, Paris, Gallimard.

Paperback editions
Drôle de jeu, Les Mauvais Coups, Bon Pied bon œil (out of print),
Un jeune homme seul, 325 000 francs (Livre de Poche).
Beau Masque, La Loi, La Fête, La Truite (Folio).

Films based on Vailland's novels (with name of director).
1958 *La Loi* (Jules Dassin), screenplay by Françoise Giroud.
1961 *Les Mauvais Coups* (François Leterrier), screenplay by Roger Vailland.
1964 *325 000 francs* (Jean Prat), made for French TV; screenplay by Roger Vailland.
1969 *Drôle de jeu* (Pierre Kast).

1972   *Beau Masque* (Bernard Paul).
(1978   *La Fête* (Jean-Louis Bertuccelli); film not made).
1982   *La Truite* (Joseph Losey).

Plays

1947   *Héloïse et Abélard*, Paris, Corrêa (Prix Ibsen).
1951   *Le Colonel Foster plaidera coupable*, Paris, Editeurs français réunis (also Paris, Grasset, 1973).
1959   *Monsieur Jean*, Paris, Gallimard.

Screenplays (with name of director)

1947   Jean Prévost: *Les frères Bouquinquant* (Louis Daquin).
(1954   Victor Hugo: *Quatre-vingt-treize* (Louis Daquin); film not made).
1955   Maupassant: *Bel-Ami* (Louis Daquin).
1959   Laclos: *Les Liaisons dangereuses 1960* (Roger Vadim).
1960   Le Fanu, 'La Rose et le sang': *Et mourir de plaisir* (Roger Vadim).
1961   Piovene: *La Novice* (Alberto Lattuada).
1962   *Le Jour et l'heure* (René Clement).
1962   *Le Vice et la vertu* (Roger Vadim).

Essays, travel, journalism, private papers

1947   *Un homme du peuple sous la Révolution* (written in 1937 with Raymond Manevy), Paris, Corrêa (also Paris, Gallimard, 1979).
1948   *Le Surréalisme contre la Révolution*, Paris, Editions sociales.
1951   *Boroboudour, voyage à Bali et autres îles*, Paris, Corrêa (also Paris, Gallimard, 1981 (with *Choses vues en Egypte* and *La Réunion*)).
1952   *Choses vues en Egypte*, Paris, Ed. Défense de la Paix.
1953   *Expérience du drame*, Paris, Corrêa.
1953   *Laclos par lui-même*, Paris, Seuil.
1962   *Les Pages immortelles de Suétone, les douze Césars*, Paris, Buchet-Chastel.

1963 *Le Regard froid, Réflexions, Esquisses, Libelles 1945-1962* (ten essays and a preface) Paris, Grasset.

1964 *La Réunion*, Lausanne, Ed. Rencontre.

1967-8 *Œuvres complètes* (twelve volumes: the novels, the plays, and selected essays and articles, presented by Jean Recanati, and with an introductory essay by Claude Roy), Lausanne, Ed. Rencontre.

1969 *Ecrits intimes* (selections from his correspondence, his journal, and other private papers, mainly from 1943 onwards; edited, with a biographical commentary, by Jean Recanati), Paris, Gallimard.

1972 *Lettres à sa famille* (mostly from the period 1926 to 1944; edited and presented by Max Chaleil), Paris, Gallimard.

1978 *Le Saint Empire* (written in 1950), Paris, Ed. de la Différence.

1984 *Chronique des années folles à la Libération, 1928/1945* and *Chronique d'Hiroshima à Goldfinger, 1945/1965* (selected journalism and interviews, with a commentary by René Ballet), Paris, Messidor/Editions sociales.

1986 *La Visirova ou des Folies-Bergère jusqu'au trône* (a 'roman-reportage' of 1933, with an introduction by René Ballet), Paris, Ed. Messidor/Temps Actuels.

Interviews given by Vailland

L' Express, 12 July 1957 (M. Chapsal).

L' Express, 29 April 1964 (M. Chapsal).

Gulliver, June 1973 (B. van Houten).

L' Humanité, 27 October 1964 (P. Gillet).

Le Monde, 16 February 1963 (J. Piatier).

Réalités, March 1964 (M. Mithois).

STUDIES OF VAILLAND

Ballet, R. and Vailland, E., *Roger Vailland*, Paris, Seghers, 1973.

Bott, F., 'Forme classique, ton moderne', *Le Monde* (12 April 1967).

Les Saisons de Roger Vailland, Paris, Grasset, 1969.

Brochier, J.-J., *Roger Vailland. Tentative de description critique*, Paris, Losfeld, 1969

Chaleil, M. (ed.), *Entretiens: Roger Vailland*, Rodez, Ed. Subervie, 1970.

Flower, J.E., 'Roger Vailland: *325 000 francs*', *Modern Languages* LIII, June 1972, pp. 63–71.

Roger Vailland, the Man and his Masks, London, Hodder & Stoughton, 1975.

Literature and the Left in France, London, Macmillan, 1983 (also London, Methuen, 1985) (pp. 161–70 are on Vailland).

Flower, J.E. and Niven, C.H.R. (eds.), *Un Jeune homme seul*, London, Methuen, 1985.

Lachize, S. 'Aux sources du roman de Roger Vailland, *325 000 francs*', *L' Humanité-Dimanche* (18 December 1955).

McNatt, J.A. *The Novels of Roger Vailland: the Amateur and the Professional*, New York, Peter Lang, 1986.

Nott, D.O. (ed.), *325 000 francs*, London, English Universities Press, 1975 (out of print).

Petr, C., *Singularité de Roger Vailland*, Paris, Aux Amateurs de Livres, 1988.

Picard, M., 'Le Thème des mères chez Roger Vailland', *Revue d'Histoire Littéraire de la France*, July-August 1971, pp. 638–61.

Libertinage et tragique dans l'œuvre de Roger Vailland, Paris, Hachette, 1972.

'Roger Vailland et le Grand Jeu', *Revue d'Histoire Littéraire de la France*, July-August 1979, pp. 613–22.

'La Machine ou l'enjeu d'un jeu', *TEP Dossier* 36, 1984, pp. 5–11 (for the production by Guy Rétoré of *325 000 francs*, adapted by Daniel Besnehard for the Théâtre de l'Est Parisien).

Recanati, J., *Esquisse pour la psychanalyse d'un libertin*, Paris, Buchet/Chastel, 1971.

Roy, C., 'Esquisse d'une description critique de Roger Vailland', *Les Temps Modernes*, December 1957, pp. 1071–98.

Nous, Paris, Gallimard, 1972 ('Roger Vailland, par l'un des treize' pp. 217–63).

Sicard, A., 'Réflexions sur l'œuvre de Roger Vailland', *La Nouvelle Critique*, February 1966, pp. 19–41.

Tusseau J.-P., *Roger Vailland, un écrivain au service du peuple*, Paris, Nouvelles Editions Debresse, 1976.

Vailland, E. (with P. Garbit), *Drôle de vie, une passion avec Roger Vailland*, Paris, Lattès, 1984.

Vailland, E., Rolland, J.F., Kast, P., and Brochier, J.J. 'Histoire d'un homme: Roger Vailland', *Magazine Littéraire*, June 1967, pp. 10–22.

325 000 FRANCS*

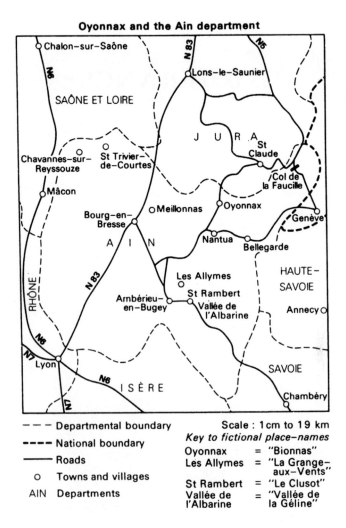

Oyonnax and the Ain department

Chalon–sur–Saône

N6

N 83

N5

Lons–le–Saunier

SAÔNE ET LOIRE

J U R A

St Claude

Chavannes–sur–Reyssouze

St Trivier–de–Courtes

Col de la Faucille

Mâcon

Meillonnas

Oyonnax

Bourg–en–Bresse

Genève

A I N

Nantua

Bellegarde

RHÔNE

N 83

HAUTE–SAVOIE

Les Allymes

St Rambert

Ambérieu–en–Bugey

Vallée de l'Albarine

Annecy

N6

N7

Lyon

I S È R E

N6

SAVOIE

Chambéry

- - - Departmental boundary

▬▬▬ National boundary

▬▬▬ Roads

o Towns and villages

AIN Departments

Scale : 1 cm to 19 km

Key to fictional place–names

Oyonnax	=	"Bionnas"
Les Allymes	=	"La Grange–aux–Vents"
St Rambert	=	"Le Clusot"
Vallée de l'Albarine	=	"Vallée de la Géline"

1

Le Circuit cycliste de Bionnas se dispute chaque année, le premier dimanche de mai, entre les meilleurs amateurs de six départements: l'Ain, le Rhône, l'Isère, le Jura et les deux Savoie. C'est une épreuve dure. Les coureurs doivent franchir trois fois le col de la Croix-Rousse,* à mille deux cent cinquante mètres d'altitude. Les dirigeants des grandes fédérations* y envoient des observateurs. Il est arrivé plusieurs fois que le vainqueur du Circuit de Bionnas, devenu professionnel, s'illustrât dans Paris-Lille,* Paris-Bordeaux, le Giro d'Italia, le Tour de France.

J'habite un village de montagne, à peu de distance de Bionnas,* ville industrielle, le principal centre français de production d'objets en matière plastique, dans les monts du Jura, à moins d'une heure de voiture de la frontière suisse. J'y descends souvent à la fin de l'après-midi. J'aime l'animation des villes ouvrières, à l'heure de la sortie des ateliers, les motos qui se fraient bruyamment leur chemin parmi les cyclistes, les boutiques pleines de femmes, l'odeur d'anis* à la terrasse des cafés.

La veille du Circuit 1954, vers sept heures du soir, je descendais l'avenue Jean-Jaurès qui est la principale artère de Bionnas. Cordélia, ma femme, m'accompagnait. Nous venions de nous arrêter devant une boutique où de violents éclairages faisaient scintiller des bijoux bon marché; les

61

vitrines de Bionnas ont plus d'éclat qu'il n'arrive d'ordinaire en province; elles évoquent les banlieues, Montrouge,* Saint-Denis, Gennevilliers. Nous aperçûmes Marie-Jeanne Lemercier qui s'avançait d'un pas tranquille au milieu des passants pressés.

Sa veste de lainage blanc tombait bien droit. La coiffure en trois plis, sans un cheveu qui se rebiffe. Les bas, du calibre* comme toujours le plus fin, parfaitement tendus. Légèrement maquillée: un trait de rouge sur les lèvres, un rien de bleu sur la paupière pour faire chanter* le bleu de l'œil. Elle venait de faire son marché et tenait à la main un filet chargé de légumes et de salades, avec trois tomates sur le dessus.

Nous l'avions rencontrée à plusieurs reprises, chez des ouvriers de nos amis ou dans des bals publics. Elle sortait le plus souvent avec Bernard Busard, un garçon de trois ans plus jeune qu'elle (Marie-Jeanne a vingt-cinq ans), dont le métier était de porter, sur un tricycle, les objets en matière plastique, qui sortent en grande série des presses à injecter des Etablissements Plastoform,* aux ouvriers à façon qui les finissent. Au retour du service militaire,* Busard avait acheté un vélo de course. Son travail achevé, il allait s'entraîner sur le stade, dont la piste est relevée comme un vélodrome, ou sur les routes du voisinage. Tricycle ou bicycle, il était toute la journée sur des roues.

Cordélia et moi, nous n'avions pas compris si Busard était l'amant, le fiancé ou tout simplement le camarade de Marie-Jeanne. Ils se disaient vous, se tenaient rarement par le bras et nos amis les invitaient séparément. Mais au bal Marie-Jeanne ne dansait qu'avec Busard. Cordélia lui avait demandé pourquoi.

– Il a son amour-propre, avait répondu Marie-Jeanne.

Elle avait ajouté:

– Il ne faut jamais vexer un homme.

Après les salutations mutuelles et avoir échangé des nouvelles des amis communs:

– Savez-vous, demanda Marie-Jeanne, que Busard court le Circuit?

Elle en parla avec une certaine excitation, nous expliquant que c'était la première course importante à laquelle le garçon allait participer. Que des intrigues de dernière heure avaient failli empêcher son engagement. Que Paul Morel, le fils de son patron, était également le principal supporter de l'Etoile cycliste de Bionnas,* mais qu'on ne peut jamais se fier aux promesses de Paul Morel, un beau parleur. Qu'enfin Busard avait réussi à s'imposer dans l'équipe qui allait défendre les couleurs de Bionnas.

– Tant mieux, dit Cordélia. Cette saison, il m'a paru en pleine *forme*.

Nous lui offrîmes de suivre la course avec nous, dans notre voiture.

– Oh! oui, dit-elle.

Nous l'accompagnâmes jusque chez elle. Tout en bavardant, elle mit le dîner sur le feu, pour qu'il fût prêt quand arriverait sa mère, qui faisait des heures supplémentaires à Plastoform. Puis elle se remit au travail.

Marie-Jeanne est lingère. Elle coud ou brode toute la journée, assise près de la fenêtre. Elle habite le seul baraquement de la Cité Morel* qui se trouve en bordure de la route de Saint-Claude. Ainsi les passants la voient tout au long de l'année, assise bien droite sur une chaise de paille à haut dossier, maniant des choses délicates, du linon, de la soie, de la batiste, rien que des blancheurs où ses ongles vernis posent des taches de rouge vif.

Le lendemain, nous fûmes bien avant l'heure du départ au café à l'enseigne du Petit-Toulon,* où se tient la permanence* de l'Etoile cycliste de Bionnas.

Paul Morel expliquait au numéro douze, Lenoir, le meilleur de l'équipe, la tactique qui devait lui permettre de triompher des Lyonnais et du dix-sept, un redoutable Grenoblois.

Jambe d'Argent,* le patron du Petit-Toulon, me fit un clin d'œil pour se moquer du fils Morel. Pour Jambe d'Argent, ancien légionnaire, ancien marin, vieux bordelier,* rien de ce qui se passe à Bionnas ne mérite d'être pris au sérieux.

Marie-Jeanne prit le bras de Cordélia; elle n'aime pas Jambe d'Argent.

Busard entra, portant le maillot rouge à l'emblème de l'Etoile, son vélo à la main. Il nous salua de loin, d'une inclination de tête. Marie-Jeanne lui répondit de même.

Busard appuya son vélo contre une table, à l'autre bout de la salle. Avec le doigt, il gratta quelque chose sur la selle. Il regarda le vélo, d'un air de réflexion. Puis il le retourna et fit mouvoir le pédalier, tendant l'oreille pour écouter le bruit des roulements. Il est grand, le visage osseux, le nez busqué, le teint sombre.

Il chercha dans la musette qu'il portait en bandoulière et qui était marquée à l'emblème de l'Etoile. Il en tira une burette et fit couler de l'huile dans le dérailleur.

Marie-Jeanne s'était détournée. Elle alla jusqu'à la porte et regarda le ciel:

– Ils vont sûrement avoir de l'orage, dit-elle.

Busard écouta encore le bruit des roulements. Puis il se dirigea nonchalamment vers nous. Les muscles longs des cuisses et des mollets se mouvaient lentement sous la peau à poils noirs. Il s'arrêta. Marie-Jeanne fit face.

– Bonjour Marie-Jeanne, dit-il.

Elle lui tendit la main.

– Bonjour Bernard, dit-elle.

Je vis sur le visage de Cordélia que cette solennité l'enchantait. Marie-Jeanne et Busard se regardaient gravement.

– Alors, me dit Busard, vous allez suivre la course.

– Je connais bien le parcours, dis-je. Le col de la Croix-Rousse est dur quand on vient du Clusot.

– A Bionnas, dit-il, nous sommes tous des grimpeurs.

Il continuait de regarder Marie-Jeanne. Elle ne cillait pas.

Paul Morel surgit.

– Pas de bêtises, dit-il à Busard. Les deux premiers tours, tu restes dans le peloton, même si tu as l'impression que tes roues te poussent au cul. . .* Sauf bien sûr si Lenoir s'échappe. . .

– Il ne s'échappera pas avant le deuxième tour? demanda Busard.

– Tu le verras bien . . . Quand il s'échappera, tu colleras à sa roue, si tu le peux . . .

– Je pourrai.

– On verra . . . Accroche-toi, mène à sa demande* et ne t'occupe pas du reste. T'as bien compris?

– Compris . . . Mais si Lenoir reste en rade? . . .*

– Ne t'inquiète pas.

– Il peut avoir un accident . . .

– Alors, si le cœur t'en dit et si tu n'as pas encore les jambes en coton, tente ta chance.

Paul Morel se tourna vers nous. Il a de grosses joues, mais pas aussi rouges que leurs rondeurs laissent imaginer qu'elles le furent; c'est qu'il passe souvent la nuit dans les bars de Lyon ou de Genève.

– La difficulté, me dit-il, c'est de leur faire comprendre la tactique . . .

Il s'adressa à Marie-Jeanne.

– Le cerveau, voilà avec quoi on gagne les courses. Enfoncez bien ça dans le crâne de votre bon ami.

Paul Morel virevolta vers ses autres coureurs. Au mot «bon ami», Marie-Jeanne avait rougi.

– Je vous remercie, me dit Busard, que Mlle Lemercier puisse suivre la course . . .

Il se tourna vers Marie-Jeanne.

– Je me sens en pleine *forme* . . . Vous verrez . . .

– Oh! dit Marie-Jeanne, ce n'est pas parce que vous êtes dans la course que je suis contente de la suivre.

– Vous n'êtes pas encourageante, dit-il.

Elle eut un petit rire.

– Allez donc, beau cœur, dit-elle.

– Tous sur la ligne de départ, cria Paul Morel.

– Bonne chance, dis-je à Busard. Je suis sûr que cela ira très bien.

– Foncez, dit Cordélia. Ne vous occupez pas de la tactique. On sera derrière vous. On vous encouragera.

Vous allez voir comme je crie.

Busard alla prendre son vélo et repassa devant nous. Marie-Jeanne parut avoir un remords.

– Bonne chance, dit-elle.

Il sortit sans répondre. Nous le suivîmes.

Juliette Doucet arrivait sur son scooter.

– Le rouge te va bien, dit-elle à Busard.

– Il va sûrement faire de l'orage, dit-il, en lui montrant le ciel du côté du Clusot.

Juliette Doucet est grande et a une belle gorge que les hommes essaient toujours de toucher. Elle se défend sans se fâcher. On dit d'elle: *quel beau châssis!*

Elle renverse la tête en arrière. Elle porte longs ses cheveux noirs. Quand elle roule sur son scooter, que le vent plaque sa robe et soulève sa chevelure, elle est vraiment belle. Lorsque les voyageurs de commerce inscrivent Bionnas sur leur carnet de tournée, ils se sentent soudain plus heureux (ou moins malheureux) parce qu'ils pensent qu'ils verront Juliette Doucet passer sur son scooter, cheveux au vent.

– Tu m'emmènes ce soir au bal? demanda-t-elle à Busard.

– Ce soir j'aurai sommeil.

Elle regarda du côté de Marie-Jeanne.

– Ça va, ça va, dit-elle en élevant la voix. Je ne veux pas te faire avoir des ennuis.

Paul Morel sortait du bistrot. C'est lui qui a payé le scooter de Juliette.

– Elle en tient toujours pour toi, dit-il à Busard.

Juliette montra Busard à Paul.

– Il est sévère, dit-elle.

– Laisse là ton scooter et suis-moi, dit Paul. C'est toi qui donneras le départ . . .

– Formidable, dit Juliette.

Elle s'adressa à Busard.

– Je fermerai les yeux et je penserai à toi. Ça te fera gagner.

– Il n'a aucune chance, dit Paul Morel.

«Quelle garce!» ajouta-t-il.

Le Circuit de Bionnas* est en forme de huit; il se dispute en trois tours. Au départ, vingt-trois kilomètres de côte jusqu'au col de la Croix-Rousse, par la nationale de Saint-Claude, belle route à virages relevés, à pentes mesurées; sept kilomètres de descente très raide, par treize lacets, jusqu'à Bionnas; c'est la *grande boucle**. La *petite boucle*, dix kilomètres autour de Bionnas, comporte beaucoup de pavés et plusieurs raidillons. Au second tour, le circuit est inversé et le col de la Croix-Rousse attaqué depuis le Clusot, par treize lacets; c'est à ce moment que commence généralement la véritable bataille. Le troisième tour se dispute dans le même sens que le premier: la *petite boucle*, qui oblige à tourner le dos à la ligne d'arrivée dont on aperçoit déjà les ormes, prend alors toute sa signification, le coureur pense: tout est à recommencer; à partir de ce moment, on se bat davantage avec le cœur (*Rodrigue, as-tu du cœur?*)* qu'avec le muscle ou le souffle. Ainsi le Circuit de Bionnas répond à l'exigence qu'une course cycliste, comme une course de taureaux, touche à son point culminant quand les coureurs, comme le taureau, sont à bout de force.

Juliette Doucet donna le signal du départ. Les coureurs s'élancèrent à vive allure sur la route de Saint-Claude. Je les suivis un moment; le compteur de la voiture marquait trente-huit kilomètres à l'heure. Les amateurs, dans ces courses de province, mènent souvent plus rudement que les professionnels des grandes épreuves, qui s'entendent tacitement pour ménager leurs forces.

Je pris les devants pour voir le premier passage au col. La foule était près de la ligne blanche qui barrait la route au point culminant; le premier qui la franchira gagnera la prime offerte par une marque d'apéritifs. Des familles avaient amené des pique-niques. Beaucoup de voitures rangées dans les prés. Des nuages s'amassaient sur les monts du Haut-Jura; il faisait très chaud; l'air était rare; les taons s'attachaient aux hommes.

Le huit* passa le premier, un garçon si trapu que bien qu'il montât debout sur les pédales, nous ne pensâmes pas au joli terme «monter en danseuse» qui désigne cette figure du style cycliste. Il portait un maillot blanc sans emblème de club.

Le peloton suivit à deux minutes. Les hommes savaient que la prime leur était enlevée et ne forcèrent pas l'allure à l'approche de la ligne blanche. Le dix-sept, le Grenoblois redouté, maillot bleu ciel, menait avec aisance.

Busard était dans le milieu du peloton. Il acheva la montée, assis sur la selle, tout l'effort portant sur les jambes. Il paraissait absorbé, concentré, mais pas fatigué. Il ne nous vit pas.

Lenoir creva à dix mètres de la ligne blanche, il n'avait pas encore posé pied à terre que les autres avaient disparu, happés par la descente en lacets vers le Clusot. Paul Morel, qui suivait le peloton dans sa Vedette,* stoppa pour aider Lenoir à changer sa roue. Nous approchâmes.

– Qui est le huit? demandai-je.

– Un Bressan,* dit Paul Morel. C'est la première fois qu'il court ailleurs qu'autour de son village. Vingt ans. Un petit péquenot . . .

– Il a pris deux minutes* sur vingt kilomètres, protesta vivement Cordélia. C'est un vaillant petit coureur.

Juliette, assise, à l'arrière de la Vedette, à côté de Jambe d'Argent, rit.

– Il a les jambes courtes, dit-elle.

– Il n'ira pas loin, dit le commissaire de la course qui accompagnait Morel.

Cordélia nous entraîna.

– Le sport rend méchant, dit-elle.

Marie-Jeanne n'était pas descendue de voiture.

Elle n'avait pas dit un mot depuis le départ.

Les hommes qui avaient été lâchés dans la côte arrivaient par groupes de deux ou trois. Je n'avais plus aucune chance de rattraper le peloton avant le Clusot; dans les pentes rapides, les cyclistes qui prennent les tournants plus court vont plus vite que les voitures; je retournai vers Bionnas par la route de Saint-Claude, pour attendre les coureurs à l'entrée de la *petite boucle*.

Nous nous assîmes à la terrasse d'un café. Il faisait de plus en plus chaud.

Paul Morel précéda la course. Il s'arrêta un instant à notre hauteur.

– Votre bon ami fait l'idiot, cria-t-il à Marie-Jeanne. Il s'est lancé tout seul à la poursuite du Bressan.

– Et Lenoir? demandai-je.

– Tout ça, c'est du bidon, dit Jambe d'Argent. La course n'a pas encore commencé.

Morel rembraya et la Vedette disparut dans la *petite boucle*.

– Paul Morel et Jambe d'Argent, ça fait la paire, dit Marie-Jeanne.

Puis elle pinça les lèvres. Je commençai à regretter d'avoir emmené cette fille maussade. Un taon nous avait suivi depuis le col et j'essayais vainement de l'écraser avec un journal plié en huit. Nous n'en finissions pas d'éponger la sueur sur nos fronts.

Le Bressan passa le premier. Busard suivait à une minute et demie.

– Forza* Busard! cria Cordélia, qui a été élevée en Italie.

– Est-ce vrai qu'il a commis une faute? demanda Marie-Jeanne.

– Il se fatigue trop tôt.

Le peloton, mené par un Lyonnais, passa sans hâte, à deux minutes de Busard.

A la sortie de la *petite boucle*, Busard n'était plus qu'à cinquante secondes du Bressan, et avait trois minutes d'avance sur le peloton.

Nous suivîmes pendant un bon moment le peloton qui roulait vers le Clusot à trente à l'heure; l'échappée des deux jeunes gens ne préoccupait évidemment pas les leaders, qui se réservaient pour l'attaque des treize lacets. Six hommes, menés par Lenoir, rejoignirent à mi-chemin du Clusot.

J'accélérai; je poussai à cent; Cordélia chronométrait. Quand nous rattrapâmes Busard, elle calcula rapidement qu'il avait quatre minutes et trois kilomètres d'avance sur le peloton. Je le lui criai au passage. Il fit un geste amical de la main.

– Il n'a pas l'air de fatiguer, dit Marie-Jeanne.

Le Bressan n'avait plus que quatre cents mètres d'avance sur Busard. Je le rattrapai et me maintins un instant à sa hauteur.

– Il y a un isolé à quatre cents mètres, lui criai-je.

Il ne parut pas entendre. Je répétai:

– Le peloton est à trois kilomètres, mais il y a un isolé derrière toi.

Il se retourna et aperçut Busard. Mais au lieu d'attendre, il se courba sur le guidon et força. Il n'avait évidemment aucune expérience des courses. Je criai:

– On roule mieux à deux. Attends l'isolé. Ménage-toi, espèce de brute! Tu sprinteras à l'arrivée si tu en es encore capable . . .

Mais il força davantage, comme si c'était moi qui le poursuivais. Il a de grosses joues, d'un rose très frais, et les cheveux blonds en boucles courtes sur le front.

Nous étions à l'entrée du Clusot. Les nuages étaient maintenant sur la ville. Il tomba quelques gouttes.

Je stoppai pour attendre le peloton. Le vent de la route avait enfin décroché le taon.

– On reboit un verre? proposa Cordélia.

– Trop tard. La bataille va commencer.

– Pourquoi ne suivez-vous pas les premiers? demanda Marie-Jeanne.

L'orage creva dans un grand fracas de tonnerre. La pluie grossit d'un seul coup. Un groupe de coureurs apparut.

Le peloton venait d'éclater. Les deux meilleurs Lyonnais, le Grenoblois et cinq hommes passèrent à quarante-cinq à l'heure. Cordélia eut à peine le temps de relever les numéros. Six voitures collaient à eux, soulevant des gerbes d'eau. Paul Morel nous cria au passage quelque chose que nous ne comprîmes pas.

Vingt coureurs suivaient à cinq cents mètres, mais moins vite. Au milieu d'eux, Lenoir récupérait, avant l'assaut des treize lacets, l'effort qu'il avait fait pour rejoindre le peloton.

Je démarrai à leur suite, accélérai et passai tout le monde dans la longue traversée du Clusot. Nous rattrapâmes Busard au troisième lacet.

Il avait rejoint le Bressan. Les deux garçons conservaient quatre minutes d'avance sur la tête du peloton disloqué. Ils grimpaient roue dans roue, le Bressan menait. La montagne se dressait verticalement devant nous. La route s'élevait parmi les prairies. Le rideau de pluie était devenu si épais, que nous ne distinguions pas les lacets de la route au-dessus de nous. Busard et le Bressan ne roulaient plus qu'à quinze à l'heure.

Au quatrième lacet, leur allure ralentit encore. Les cheveux du Bressan, débouclés par la pluie, lui collaient au front. Il balançait la tête d'arrière en avant, comme pour cogner du front contre le rideau de pluie.

– Un bouvillon, dit Cordélia.

Le travail des jambes devint désordonné.

Busard cria quelque chose au Bressan, qui fit signe qu'il refusait.

– Busard, criai-je, laisse-le mener. C'est un idiot.

Le lecteur, même s'il n'est jamais monté sur un vélo, devine que de deux cyclistes qui roulent de concert, celui qui tient la tête fatigue le plus. La même loi d'aérodynamique conditionne le vol des canards sauvages. Le Bressan n'avait pas seulement l'air à fendre pour deux, mais aussi la pluie.

Busard lui parla de nouveau, puis passa devant. Le travail des jambes du Bressan redevint régulier. La route s'engagea dans un bois de sapins centenaires qui coupaient la pluie. Les deux garçons retrouvèrent le quinze à l'heure.

Au septième lacet, le Bressan creva. Busard mit pied à terre pour l'attendre. Le Bressan, accroupi, les mains aux papillons de la roue, leva vers lui un regard surpris. Busard haussa les épaules.

Nous avions stoppé. On n'entendait que le bruit de la pluie qui cinglait la route et la voiture.

– Pourquoi attend-il? me demanda Marie-Jeanne.

– C'est aussi son intérêt.

– Vite! cria Busard au Bressan.

Cordélia tenait le chronomètre.

– Une minute, murmura-t-elle.

Busard se tourna vers nous et sourit.

– Ça va! criai-je.

Il chercha le regard de Marie-Jeanne.

– Vous êtes le meilleur, cria Marie-Jeanne.

– Je suis en pleine *forme*! cria-t-il.

Un éclair fulgura entre les grands sapins et le tonnerre claqua aussitôt. La pluie redoubla. Le Bressan accroupi souleva son vélo à deux mains et sans se relever, fit un saut de grenouille pour se mettre à l'abri de la voiture.

Busard se tenait immobile dans les grandes rafales de pluie qui lui collaient le maillot aux os.

– Il est comme un arbre, dit Cordélia.

– C'est un homme! dis-je à Marie-Jeanne.

– C'est l'oiseau des tempêtes, dit Cordélia.

Le Bressan gonflait le pneu. Il leva la tête vers Busard.

– Laisse-moi gagner la prime au col, dit-il.

La prime sur la ligne blanche du col, au deuxième tour, est la plus importante de la course: cinq mille francs offerts par les Etablissements Plastoform, Morel père et fils.

– C'est juste, dit le Bressan. J'ai toujours été le premier.

Busard le regardait, drapé dans les rafales.

– Je l'ai mérité! cria le Bressan.

Busard fit une grimace et cracha.

– Deux minutes! cria Cordélia.

– Corniaud, gronda Busard. Dépêche-toi ou je te plaque.

Le motocycliste qui précède la course avait pris de l'avance dès le début de l'orage. Il attendait au col, où il s'était mis à l'abri dans une voiture. Nous étions seuls dans la tempête, tous les cinq, au milieu des grands sapins.

Les grosses mains du Bressan étaient maladroites dans la pluie. La réparation prit deux minutes quarante secondes.

Busard se souleva sur la pédale pour démarrer.

– Je suis plus frais qu'au départ, cria-t-il.

Il partit sec, suivi du Bressan, roue dans la roue.

– Ils n'ont plus qu'une minute dix d'avance, dit Cordélia.

– Moins encore, dis-je . . . Sûr que les leaders forcent dans la montée . . . On va bien voir . . .

Je n'avais pas démarré. Cordélia chronométrait.

– Trente secondes, dit Cordélia.

– Sans l'orage, dis-je, nous entendrions déjà les voitures d'accompagnement. Les premiers doivent être juste au-dessous de nous, dans le sixième lacet.

– Une minute, dit solennellement Cordélia.

– Vous voyez bien, dit Marie-Jeanne, ils ne sont pas encore là.

Son visage s'était animé.

– Vous tenez vraiment à attendre les autres? demanda-t-elle.

– Une minute et trente secondes, proclama Cordélia.

– Il est tout seul dans l'orage, dit Marie-Jeanne.

– Il a son corniaud de Bressan, dis-je.

Mais je démarrai et rattrapai les deux garçons.

Marie-Jeanne avait mis la tête à la portière. La pluie effrangeait les trois plis de sa coiffure.

Le Bressan menait. Il avait mis le plus petit braquet. Court sur pattes, la selle basse, le nez collé au guidon, les épaules plus larges que le guidon, la nuque comme un taureau, il pédalait rageusement. On aurait cru un trépignement sur place.

Collé à sa roue, Busard suivait avec aisance. Sauf dans les tournants, où la pente se raidit, il gardait un braquet moyen.* Ainsi, le mouvement des jambes plus longues, pour une vitesse égale plus lent, le faisait paraître encore davantage à l'aise. Son visage anguleux, au nez busqué, dessinait comme une étrave au-dessus du dos râblé du Bressan.

Je me tenais à leur hauteur, attentif aux virages. Cordélia ne quittait plus de l'œil le compteur de la voiture.

– Vingt-deux à l'heure, dit-elle.

– Gloire aux innocents!

– C'est bien? demanda Marie-Jeanne.

– Vous ne voyez pas la route? Vous avez déjà grimpé une pente comme ça à bicyclette?

Des professionnels, des as, des champions ne feraient pas mieux.

– Busard a tellement envie de passer professionnel!

– Pour l'instant, c'est le Bressan qui fait tout le travail.

Au deuxième lacet, la route sortit de la forêt. La pluie cessa soudain. L'orage s'éloignait rapidement, aspiré par la vallée de la Géline. Les crêtes devant nous se dégagèrent des nuages.

La pente devint moins raide. Les trois derniers lacets, beaucoup moins fermés que les précédents, remontent le cours d'un jeune torrent, encore ruisselet, qui joue au ras des prairies, à la sortie de sa source.

L'air sentait bon l'herbe mouillée, la terre chaude. De grosses gouttes d'eau coulaient lentement sur les feuilles des grandes gentianes.

Busard mit les mains en haut du guidon, se redressa et renversa la tête, comme pour prendre le vent. Puis il passa sur le grand braquet* et doubla aisément le Bressan. Il prit son vol. L'autre passa à son tour sur le grand braquet, mais il peina terriblement. Il dut rétrograder, coup sur coup, jusqu'à l'avant-dernier braquet;* il s'énervait; le dérailleur grinça. En moins d'une minute, Busard gagna deux cents mètres sur le paysan.

– Ce n'est pas chic, dit Cordélia. Le petit a fait tout le travail.

– Busard a raison. L'autre pleure après la prime.* Je hais la cupidité.

– Il a peut-être vraiment besoin de cette prime, dit Cordélia.

– C'est un étron, dis-je violemment.

– Je suis bien contente que Busard n'ait pas tort, dit Marie-Jeanne.

– Tu ne comprends rien au sport, dis-je à Cordélia.

– Les fascistes* parlaient comme cela, dit-elle.

Nous commencions d'être vraiment dans la course. J'adore cela.

Je suivais Busard qui continuait de pédaler, les mains en haut du guidon, le buste droit. La lumière frisante de la crête l'enveloppa de la tête à la taille. Il poussait ferme, mais en gardant le souffle lent. La route courait parmi l'herbe rase des sommets. Il n'y avait plus d'arbres qu'au-dessous de nous. Le col, qu'on voyait, était à moins de quinze cents mètres. J'imaginais l'exaltation de Busard et je l'enviais.

Il passa le col au milieu des applaudissements, puis il piqua, tête baissée, dans la descente vers Bionnas, par la belle route de Saint-Claude. J'avais stoppé un peu avant la ligne blanche.

Le Bressan suivit à cinquante secondes. Il continuait de pédaler court.*

– Change de braquet, lui cria Cordélia.

Il obéit, s'y prit mal et sa chaîne sauta. Pendant qu'il la remplaçait:

– C'est de votre faute, cria-t-il à Cordélia. Vous êtes pour l'autre.

Des rires fusèrent de la foule.

– On ne peut pas être plus bête, grogna Cordélia.

– Elle préfère les grands, dit quelqu'un.

– Mets des rallonges!

– Ils aident l'autre, cria le Bressan. C'est moi qui méritais la prime.

Des plaisanteries jaillirent de toutes parts. Même ceux qui n'avaient pas entendu rigolaient.

Le Bressan jeta un regard mauvais sur la foule et baissa la tête, comme s'il allait foncer.

– Tu perds ton avance! cria Cordélia.

Il sauta sur son vélo et se lança dans la descente.

Un premier groupe passa le col, trois minutes vingt secondes après Busard, qui avait donc repris entre le septième et le dernier lacet une partie de l'avance perdue à cause de la crevaison du Bressan. Les coureurs expérimentés avaient été davantage ralentis par l'orage que les deux garçons, moins conscients de l'effort supplémentaire imposé par le rideau de pluie et de l'excuse ainsi fournie à soi-même de mettre moins de fougue à l'ascension.

Le groupe comprenait les deux Lyonnais, maillots verts, Lenoir, qui avait rejoint dans la montée, maillot rouge, le Grenoblois, maillot bleu ciel, et trois autres, en tout sept hommes, les meilleurs.

Ils passèrent groupés, allant grand train, sans jeter un regard sur la foule. La Vedette qui les suivait stoppa près de nous.

– Busard et le huit, criai-je, ont pris près de quatre minutes.

– Champions, les mômes! dit Jambe d'Argent.

– Hourra pour Busard! cria Juliette Doucet.

– Rien dans la tête, dit Paul Morel.

– Mais ils en ont dans les jambes, cria Cordélia. Ses yeux flambaient de colère.

– Heureusement que nous sommes là pour suivre votre poulain, dis-je à Paul Morel.

– Amusez-vous bien, dit-il.

– D'habitude, cria Cordélia, la voiture du club colle au meilleur de ses coureurs.

– Je colle à Lenoir, dit Paul Morel.

– Le meilleur, c'est celui qui est en tête, dit Cordélia.

– Hourra pour Busard! cria Juliette.

– Je ne perds pas mon temps avec des toquards, dit Paul Morel.

– La course n'a pas encore commencé, dit Jambe d'Argent.

Morel embraya et s'engagea dans la descente vers Bionnas.

– Hourra pour Busard! nous cria de loin Juliette.

La Vedette disparut dans la première courbe.

– C'est bien ce que je pensais, dit Marie-Jeanne.

– Qu'est-ce que vous pensiez?

– Que Bernard n'a aucune chance de gagner.

– Il a quatre minutes d'avance, dit vivement Cordélia. Qu'est-ce que vous voulez de plus?

– Maintenant, dis-je, il peut gagner.

Marie-Jeanne secoua la tête.

Les autres coureurs arrivèrent au col par groupes de deux ou trois, durant les vingt minutes qui suivirent. Ils étaient désormais hors jeu et ne continuaient plus que pour l'honneur. Il y avait eu de nombreux abandons pendant l'orage. Il ne restait plus que trente hommes en course, au lieu de cinquante-deux au départ.

Au début du troisième tour, qui se court dans le même sens que le premier, de Bionnas au col de la Croix-Rousse par la route de Saint-Claude, les principaux écarts restaient les mêmes. Mais le Bressan avait rejoint Busard dans la *petite boucle*; il semblait avoir compris une des règles du jeu et laissait l'autre mener aussi souvent qu'il le voulait bien.

Busard ne peinait pas. Je commençais à penser sérieusement qu'il pouvait gagner. Le plus dur lui sera sans doute de triompher du Bressan au sprint.

Busard était *en forme*. La *forme* des sportifs: c'est un sens nouveau qu'ils ont ajouté aux vingt-cinq acceptions du mot signalées par Littré.* Celle qui s'en approche le plus est la quatorzième: «La forme d'un argument, la manière bonne ou mauvaise dont les parties d'un argument sont disposées. En forme, conformément à la manière dont l'argument doit être disposé pour qu'il soit selon les règles.» Le coureur *en forme* est dans les règles pour gagner. Mais l'expression est bien plus riche de significations. La forme s'oppose à la matière, au sens où l'athlète sent la matière comme un poids qui freine la performance: pour que l'athlète soit *en forme*, il faut que la graisse, la lymphe, tout ce qui alourdit, se soit transformé en nerfs et en muscles, que la matière soit devenue forme. L'athlète parfait s'imagine flamme se consumant dans la performance sans laisser de cendres.

C'était à quoi je pensais en suivant à quarante à l'heure Busard et le Bressan, dans leur troisième et dernière ascension du col de la Croix-Rousse. Cordélia et Marie-Jeanne récupéraient en silence la fatigue causée par les émotions du deuxième tour. Marie-Jeanne, dans sa glace de poche, essayait de reconstituer les crans de sa coiffure.

Pour l'écrivain aussi, quand il a atteint la maturité et quand il a quelque chose à dire, la *forme* devient la préoccupation essentielle. La page d'écriture sera bonne ou mauvaise, selon qu'il se sera senti ou non *en forme* en s'asseyant à sa table de travail.

L'écrivain arrivé à maturité a résolu ou surmonté ses conflits intérieurs; ses problèmes sont devenus ceux de l'humanité de son temps; il ne lui reste plus comme problèmes personnels que ceux de la diététique; ainsi tend-il à retrouver l'innocence du sportif qui ne pense qu'à sa *forme*, qui ne parle que d'elle et qui, à l'approche des grandes épreuves, s'impose pour l'amour d'elle, sobriété et chasteté.

C'est peut-être pourquoi j'éprouve tant de fraternelle tendresse pour les jeunes héros des stades, du ring et de la route. Quand Busard avait franchi la ligne blanche du col, j'avais vu dans son visage, dans le rejet de sa tête en arrière, qu'il éprouvait la même allégresse que lorsque je viens d'achever un chapitre dont je suis content.

J'étais en train de penser que *la forme* est également l'essentiel pour l'orateur, l'acteur, le peintre, le général d'armée, tous ceux pour qui l'exécution d'un travail est une création toujours nouvelle et dont l'issue heureuse n'est jamais sûre. «Serai-je *en forme* ce soir?» voilà leur obsession. A un moment donné de la bataille de la Marne,* le plus important pour toute l'armée française fut que Joffre dormît, afin qu'il se trouvât *en forme* au moment de la décision capitale à prendre. A ce moment je m'aperçus que le Bressan donnait des signes de fatigue. Le visage avait viré au rouge. Le travail des jambes redevenait désordonné. Deux fois, il décolla de la roue de Busard et ne le rattrapa qu'en zigzaguant. Le col n'était plus qu'à deux kilomètres.

Busard se retourna à plusieurs reprises. Nous le devinions perplexe.

Une sueur abondante ruissela sur le visage du Bressan; les avant-bras commencèrent à trembler.

Busard jeta vers moi un regard interrogateur.

– Le *coup de pompe*,* criai-je.

Busard accéléra légèrement.

Le Bressan zigzagua, redressa, rentra dans sa roue.* Mais son visage devint brusquement blanc.

– Il se vide,* dis-je.

– Busard ne va pas le lâcher! s'écria Cordélia.

– Il doit.

– Je hais les courses, dit Cordélia. Je ne suivrai plus jamais une course.

Busard décolla et prit rapidement plusieurs dizaines de mètres.

– Je vous déteste tous, dit Cordélia.

Le Bressan alla plusieurs fois d'un bord à l'autre de la route. Il passa sur un plus petit braquet et parut retrouver un peu d'aisance. Puis il roula sur une centaine de mètres, de plus en plus lentement. Puis il mit pied à terre. Je stoppai à sa hauteur.

Cordélia tendit le thermos que nous avions emmené à tout hasard.

– Qu'est-ce que c'est? demanda-t-il.

– Du thé.

– Vous n'auriez pas plutôt de la gnole?

Nous avions aussi de la gnole.

– Ça va t'achever, dit Cordélia.

– Donne-lui, dis-je. Ça n'a plus d'importance.

Le Bressan but un coup de gnole. Son visage redevint rose. Il ébaucha un sourire.

– Tu es le plus costaud de tous, dit Cordélia.

– Oui, dit-il.

Les mains en haut du guidon, il courut quelques enjambées pour prendre de l'élan. Il a les jambes étonnamment courtes. Il s'arrêta avant d'avoir sauté en selle. Il courut encore trois enjambées, plus lentes, et s'arrêta de nouveau. Le maillot blanc, mal ajusté, le faisait paraître étrangement déshabillé. Il secoua plusieurs fois la tête, bouche ouverte. Il prit profondément souffle et resta un moment strictement immobile. Puis il secoua de nouveau la tête, saisit le vélo et le jeta violemment contre le talus. Il fit quelques pas en titubant, et s'écroula sur le talus, près du vélo.

Cordélia descendit et lui tendit la gnole. Il but avidement et se retourna, le ventre contre le talus. Cordélia attendit un moment, puis essaya de le soulever par l'épaule. Il retomba sur place.

– Qu'est-ce qu'il a? demanda Cordélia.

– Laisse-le dormir.

– Il est peut-être malade?

– Monte, criai-je. Nous ne rattraperons jamais Busard. Il est en train de descendre à soixante-dix à l'heure sur le Clusot.

Elle remonta dans la voiture. Je claquai la portière.

Juste avant d'atteindre le col, la route décrit une courbe dans les prairies. Du haut du demi-cercle, on le voit tout entier au-dessous de soi. Cordélia se pencha à la portière.

– Il est reparti, dit-elle.

Je ralentis et jetai un coup d'œil. Quelque chose de blanc zigzaguait sur la route, quinze cents mètres derrière et au-dessous de nous.

– Il a du cœur? dit Cordélia.

– Comme un bœuf de labour.

Je fonçai dans la descente, mais nous ne retrouvâmes le maillot rouge de Busard qu'au bout de la ligne droite, entre le dernier des treize lacets et l'entrée du Clusot. Il allait grand train, sur le plus grand braquet.

Vingt kilomètres sans difficultés jusqu'à l'entrée de Bionnas, les dix kilomètres de la *petite boucle*, quarante-cinq minutes si tout allait bien, et ce serait la ligne d'arrivée, sur le stade. Nous fûmes tous trois saisis par l'excitation de la victoire maintenant toute proche de notre jeune ami.

Aux abords du Clusot, la foule était nombreuse sur les

deux côtés de la route. On applaudissait Busard, parce qu'il était le premier, puis on cherchait dans le journal local à quel nom correspondait son numéro.

Le pavé* commença avec les premières maisons. Busard serra sur la droite pour suivre une bande goudronnée qui recouvre les rails d'un ancien chemin de fer *d'intérêt local*.

Un gosse s'avança pour voir arriver le coureur. Une femme se précipita pour le tirer en arrière. Busard arrivait sur eux à quarante-cinq à l'heure.

Il fit un écart pour les éviter. Les roues glissèrent sur le pavé mouillé, en bordure du goudron. Le vélo se coucha. Busard passa par-dessus le guidon et plongea sur le pavé, les bras en avant.

Je stoppai à quelques mètres.

– Chronomètre, dis-je à Cordélia. Ne descends surtout pas . . .

Marie-Jeanne et moi nous nous précipitâmes vers Busard. Il s'était déjà relevé. La cuisse gauche saignait abondamment. Le nez saignait aussi.

Busard se passa la main sur les lèvres et regarda le sang sur le dos de la main.

– Ce n'est rien, dit-il.

Je tournai les yeux vers Cordélia.

– Quarante secondes, dit-elle.

Je nettoyai la cuisse avec un mouchoir. L'entaille était profonde. Il faudrait des points de suture.

– Je continue, dit Busard.

– Essaie, dis-je.

– Il faut le mener à l'hôpital, dit Marie-Jeanne.

– Il sera toujours temps s'il ne peut pas continuer.

Je regardai de nouveau vers Cordélia.

– Deux minutes, dit-elle.

Busard se mit en selle. Deux jeunes gens le lancèrent. Il démarra.

Il fallut traverser tout le Clusot. Le pavé n'en finissait plus. Busard peinait. De la foule montait toujours les mêmes mots: «Il saigne . . . il saigne . . .» Répété sur des timbres

différents: «Il saigne . . . il saigne . . . il saigne . . .» cela
sonnait au passage comme les clochettes d'un carillon.
Marie-Jeanne se mordait les lèvres. Cordélia se murmurait à
elle-même: «Forza Busard! Forza Busard!»

A la sortie de la ville, il retrouva un train régulier de
quarante à l'heure. Je lui criai:

– J'arrête un moment pour mesurer l'écart, et puis je te
rattrape.

– Soyez tranquille, cria Cordélia. On ne vous lâche pas.

Je stoppai. Cordélia chronométra.

Le peloton n'était qu'à cinquante-cinq secondes. Les sept
mêmes hommes qu'au deuxième passage au col. Le vent
poussait et ils avançaient en éventail,* sur toute la largeur de
la route, comme une voile gonflée. Lenoir au centre, grand,
l'air redoutable, pédalant sur son plus grand développement, ses jambes dessinant des pas de géant. Je pensai: «Ils
arrivent, ils arrivent. Ce sont toujours les plus forts qui
gagnent,* les plus rusés, ceux qui ont le plus d'expérience,
les plus intelligents, ceux qui savent triompher de leur nature.»
Je ne disais rien.

Je démarrai avant qu'ils nous eussent rejoints. Le nez de
Busard saignait de nouveau.

– Ne lui dis pas qu'ils arrivent, demanda Cordélia.

– Au contraire. Sa dernière chance est dans ses nerfs.

– Ils sont à cinquante-cinq secondes, criai-je à Busard.

– Un mouchoir, demanda Busard.

Marie-Jeanne lui passa son mouchoir ajouré par
elle-même. Il s'essuya la bouche puis mit le mouchoir entre
les dents. Il accéléra et passa à quarante-cinq à l'heure. Le
sang coulait de la cuisse sur les jambes et sur les brodequins.

Il maintint le même train jusqu'à une grande ligne droite,
à deux kilomètres de Bionnas. Alors, il commença de faiblir.
Sa vitesse tomba à quarante, à trente-cinq.

– J'ai soif, cria-t-il.

– Abandonne, cria Marie-Jeanne.

Il secoua la tête.

J'aperçus dans le rétroviseur le peloton qui abordait à son

tour la ligne droite, toujours déployé en éventail sur toute
la largeur de la route, maillot rouge, maillot vert, maillot
bleu ciel, maillots noir et jaune, maillots bleu et rouge, le
peloton qui se rapprochait, majestueux, inexorable.

– Les voilà, criai-je.

Busard tourna la tête et vit le peloton. Il lança le thermos
dans le fossé et prit de la distance . . . Je me maintenais à sa
hauteur. Cordélia ne quittait plus de l'œil le compteur et
énonçait les chiffres:

– Trente-huit . . . quarante . . . quarante-deux.

– Tu reprends de la distance, criai-je.

– Vas-y, fonce, criait Marie-Jeanne.

Je regardai dans le rétroviseur. L'éventail derrière nous
était en train d'éclater. Une pointe se formait. Deux
hommes se détachaient, roue dans la roue, un maillot vert,
un maillot rouge, le Lyonnais et Lenoir.

Les autres perdaient sur nous. Ces deux-là gagnaient.

– Un Lyonnais et Lenoir viennent de s'échapper! criai-je à
Busard.

Il força encore. L'aiguille du compteur dépassa le
quarante-cinq.

Il avait sué abondamment à la sortie du Clusot, quand il
avait peiné pour retrouver son régime, puis quelques
instants plus tôt, quand il avait faibli. Maintenant il était
sec.

Je ne parviens pas à me rappeler son expression. Son visage
n'exprimait sans doute plus rien. Au plus haut point de ten-
sion d'une bonne course, le cycliste dépasse l'état où l'on se
sent *en forme* ou pas *en forme*. J'essayais d'imaginer ce que
ressentait alors Busard en fonction de souvenirs de guerre ou
de passion. Busard traqué par des poursuivants, fuyant en
avant comme le soldat à l'attaque sous le feu convergent de
l'ennemi. La conscience se réduit à l'instant. Le cœur, l'intelligence, le muscle, ne font plus qu'un; c'est un des plus
haut degrés de fusion où parviennent, l'espace d'un
moment, les facultés de l'homme.

Je regardai de nouveau dans le rétroviseur. Quelque chose

de blanc avait surgi du fond de la ligne droite et s'avançait rapidement. L'éventail creva de nouveau. Le maillot blanc en jaillit. C'était le Bressan qui revenait en bolide.* Il vint coller à Lenoir et au Lyonnais: maillot rouge, maillot vert, maillot blanc.

La ligne droite s'achève au cœur de Bionnas. Busard vira à quarante-six à l'heure pour prendre la *petite boucle*. Encore dix kilomètres avant la ligne d'arrivée sur le stade.

Sur le pavé, le train de Busard redescendit à quarante à l'heure. Toute la ville était massée sur les trottoirs. Le tintinnabulement: «Il saigne . . . Il saigne . . . il saigne . . .» nous accompagna de nouveau. La cuisse saignait de plus en plus.

Dans la petite ligne droite du faubourg de Sainte-Marie-des-Anges, je retrouvai les poursuivants dans le rétroviseur. Ils n'étaient plus qu'à trois cents mètres.

– Ils arrivent, criai-je à Busard.

Le compteur remonta à quarante-quatre.

La dernière difficulté sérieuse était le raidillon pavé de la vieille ville, pente à quinze pour cent.

Busard eut une défaillance à trente mètres du sommet. Il avait monté assez vite. Il s'arrêta sur l'espace de quatre tours de pédales et mit pied à terre. Il se tourna vers nous:

– Je ne peux plus! dit-il.

Je levai l'œil vers le rétroviseur. Le maillot rouge, le maillot vert, le maillot blanc apparaissaient au bas du raidillon.

– Les voilà! criai-je.

Busard se mit à courir, en poussant son vélo. Il trébucha plusieurs fois. Le vélo tomba, il le reprit en mains. Il parcourut ainsi les trente derniers mètres du raidillon. Il laissa une traînée de sang derrière lui.

Au sommet, il se remit en selle. Nous nous trouvions exactement à sa hauteur. Depuis le Clusot, Marie-Jeanne était restée à la portière.

Busard tourna la tête vers Marie-Jeanne.

– C'est pour vous, cria-t-il.

Il se lança dans la descente vers la ville neuve. Le stade n'était plus qu'à deux kilomètres.

La descente à travers la vieille ville se fait par des rues étroites, sinueuses, à pente rapide. Je perdis de vue Busard. Je fus dépassé par Lenoir, le Lyonnais et le Bressan. Je ne les retrouvai que sur la promenade, à huit cents mètres du stade. Busard gardait cent cinquante mètres d'avance. Lenoir menait la poursuite.

Busard tomba en prenant le tournant à angle droit du chemin qui mène au stade. La tête porta sur la chaussée. Il se releva aussitôt. Le front était ouvert et le sang coulait sur les yeux.

Il se remit en selle. Des jeunes gens s'étaient précipités et le lancèrent.

Les poursuivants n'étaient plus qu'à quelques mètres.

Busard pénétra le premier sur la piste, avec vingt mètres d'avance.

La foule criait:

«Lenoir! . . . Lenoir!» parce que c'est lui qui d'ordinaire fait triompher les couleurs de Bionnas.

Au sprint,* le Bressan passa tout le monde et franchit le premier la ligne d'arrivée. Lenoir et le Lyonnais suivirent à deux roues. Busard arriva quatrième, à dix mètres.

Juliette Doucet, qui se trouvait près de la ligne d'arrivée, remit au Bressan le bouquet du vainqueur.

Le Bressan fit le tour de la piste, sous les applaudissements.

– Hourra! pour le Bressan, criait Juliette Doucet.

Je conduisis Busard à la clinique, où l'on fit des points de suture à ses blessures qui n'avaient pas de gravité.

2

Le lendemain, Marie-Jeanne et Cordélia allèrent ensemble voir Busard à la clinique. Il devait sortir dans la soirée, après un dernier pansement. Cordélia raccompagna Marie-Jeanne chez elle, à la Cité Morel.

– Vous entrerez bien? demanda Marie-Jeanne.

Elles s'assirent de chaque côté de la table, placée au centre de la pièce et couverte d'une toile cirée à carreaux. Elles parlèrent d'abord des travaux à quoi se consacraient Marie-Jeanne et sa mère.

La plupart des femmes de Bionnas vivent des industries de la matière plastique, la majorité comme ouvrières, les autres comme épouses ou maîtresses des patrons. La mère de Marie-Jeanne, à Plastoform, assemblait huit heures par jour, et quelquefois dix ou douze, les deux pièces, l'une vert tendre, l'autre vert bouteille, d'un pot à eau incassable, indéformable et qui rebondissait comme une balle quand on le lançait sur le plancher; Marie-Jeanne montra cela à Cordélia; puis elle parla des colles utilisées pour l'assemblage.

– Le benzol, dit-elle, l'acétone, ce sont des poisons . . .

Les ouvrières de l'atelier de sa mère avaient des éruptions soudaines d'un eczéma qui laissait après lui la peau plombée. Peu de temps après la mise en usage d'un nouveau produit, plusieurs femmes avaient commencé de perdre leurs dents.

– Très peu pour moi, dit Marie-Jeanne.

Sa voix avait parfois des inflexions tendres, comme pendant la course, quand elle avait dit: «Je suis contente que Busard n'ait pas tort», ou même quand elle avait demandé à Cordélia: «Vous entrerez bien?», puis soudain devenait sèche, dure, comme pour ce «très peu pour moi», qui cassa net sur le «moi», comme une branche morte.

Elle s'était obstinée à devenir et à rester lingère, dans une ville sans traditions où les femmes portent des combinaisons en indémaillable et des culottes de nylon. Elle ne chômait pas, quelques épouses d'artisans, devenus industriels depuis l'invention de la presse à injecter et brusquement enrichis, ayant été persuadées par la lecture de *Plaisirs de France*,* que les dessous faits main prouvent le sens de la qualité. Les *jours** de Marie-Jeanne lui avaient fait une réputation. Elle raconta cela et fit en détails le compte de ce qu'elle gagnait.

C'est la bourgeoisie qui a fait de l'argent une chose sacrée qui exige le mystère, analogue aux menstruations auxquelles on pense tout le temps et dont on ne parle jamais. Marie-Jeanne avait le naturel qui n'est plus l'apanage que du peuple. Dès cette première rencontre, elle parla à Cordélia, le plus naturellement du monde, de son salaire et de son ventre.

Sur la base du temps exigé par chaque pièce de lingerie, elle estimait gagner autour de cent francs de l'heure, ce qui était à peine moins que ce qu'elle aurait été payée à l'usine. Elle travaillait environ dix heures par jour, mais il fallait déduire les dimanches et les lundis qui suivaient les dimanches où elle était restée trop longtemps au bal. Enfin, elle se faisait dans les vingt-cinq mille francs par mois. Sa mère en rapportait autant à la maison. Les deux femmes vivaient seules, le père ayant été tué par une presse à celluloïd qui lui avait basculé sur la tête.

– Nous ne nous privons pas, dit-elle.

Elles avaient même quelques économies.

– On va bien prendre une cerise?

– Mais oui, dit Cordélia.

Marie-Jeanne posa sur la table un napperon brodé, et sur

le napperon un plateau de métal bleu pâle, et sur le plateau les verres à liqueur, à peine plus grands que des dés.

Elle alla chercher le bocal de cerises-à-l'eau-de-vie dans la cuisine. Le baraquement est partagé en trois pièces, la chambre de Marie-Jeanne, celle de sa mère et la cuisine entre les deux. On entre par la cuisine.

Elle servit les cerises avec une cuiller. Il n'en tenait pas plus de trois par verre.

Un peu plus tard elle proposera:

– Vous reprendrez bien une cerise?

– Pourquoi ne vous mariez-vous pas avec Busard? demanda Cordélia.

Marie-Jeanne rit.

– Il serait bien trop content, dit-elle.

– Vous ne l'aimez pas?

– Peut-être.

– Et s'il ne venait plus vous voir?

– Je m'ennuierais.

– Est-il votre ami?* demanda Cordélia.

– Non, dit Marie-Jeanne.

Elle regarda Cordélia.

– J'ai eu des amis, dit-elle.

Elle resta un moment silencieuse.

– Les hommes sont égoïstes, dit-elle.

Cordélia attendait.

– Les jeunes gens, dit encore Marie-Jeanne, ce qu'ils aiment, c'est pouvoir se vanter.

– Mais les moins jeunes? demanda Cordélia.

– Ceux-là, dit Marie-Jeanne, ils essaient tout de suite de vous toucher. Ils vous tutoient . . .

Sa voix s'anima.

– On leur dit: «Est-ce que je vous ai autorisé de me tutoyer?» Ils répondent: «Ne fais pas la sainte nitouche . . . Tout le monde sait bien que tu n'es pas aussi sage que tu veux le faire croire.» Est-ce que ça les regarde, si j'ai eu des amis?

»Pour ce que cela a duré, ajouta-t-elle.

– Busard vous aime, dit Cordélia. Ça se voit.

– Oui? demanda Marie-Jeanne.

Elle ajouta aussitôt:

– C'est vrai. Il m'aime.

Elle n'en raconta pas davantage ce jour-là. Mais Cordélia retourna souvent la voir, au cours des semaines qui suivirent. Je suppose qu'elle était fascinée d'entendre Marie-Jeanne parler des hommes comme le lièvre pourrait parler des chasseurs et des chiens; se tenir sur ses gardes semblait lui être aussi naturel que le réflexe qui contracte la pupille quand la lumière devient plus vive; elle n'ignorait pas non plus les feintes qui permettent à la bête traquée de conduire le chasseur là où elle veut; mais elle était persuadée que ce sont toujours les femmes (et les lièvres) qui finissent par perdre à ce jeu-là. Elle exprimait tout cela dans des aphorismes qu'elle ne paraissait jamais mettre en doute. L'esclave croit éternelle* la triste sagesse que lui ont enseignée des siècles de cohabitation avec le maître.

Cordélia arrivait au début de l'après-midi, avec de gros bonbons fourrés à la liqueur. Marie-Jeanne poussait le bonbon tout entier dans sa bouche, l'écrasait lentement, fermait les yeux, et le maintenait longtemps avec la langue contre la palais, pour exprimer toute la saveur du chocolat mêlé à la liqueur. Puis elle souriait à Cordélia:

– Ce que je suis gourmande! disait-elle.

Cordélia s'asseyait et allumait une cigarette. Les deux jeunes femmes commençaient à se raconter leur passé, leur présent et leur avenir. Le soir, Cordélia me répétait les confidences de son amie. Ce fut ainsi que je pus reconstituer* tout ce qui se passa au cours de la première visite que Busard fit à Marie-Jeanne, après le Circuit de Bionnas.

Marie-Jeanne autorisait Busard à passer chez elle les soirées du mardi et du jeudi. Il cachait son vélo derrière le massif d'hortensias, entre le baraquement et la route de Saint-Claude. Il entrait par la porte et, vers minuit et quelquefois vers deux ou trois heures du matin, sortait par la fenêtre, qu'il n'y avait qu'à enjamber.

Ils échangeaient des baisers, il lui caressait les seins.

– Et encore? demanda un jour Cordélia.

– Il me serre contre lui, il se presse contre moi.

– Tu ne lui rends jamais ses caresses?

– Il faudrait bien voir cela!* protesta Marie-Jeanne.

Elle rit pour montrer qu'elle n'est pas bégueule. Puis elle rougit, parce qu'elle venait d'imaginer les gestes.

– Sacrée Cordélia!* dit-elle.

Cordélia me fit l'éloge de l'exquise retenue de son amie.

– Tu crois qu'elle ne te cache rien?

– Pourquoi me mentirait-elle? Je ne suis pas un homme. Je ne lui parle pas d'amour pour mon compte.

Une autre fois, Cordélia demanda à Marie-Jeanne pourquoi elle ne recevait pas Busard plus souvent.

– Et quand donc dormirai-je? protesta Marie-Jeanne.

Elle piqua l'aiguille dans le linon qu'elle était en train d'ajourer et compta sur ses doigts:

– . . . Le vendredi je me couche tôt, parce que je sais que le samedi j'irai au cinéma et le dimanche au bal . . . Le lundi, parce que c'est le lendemain du dimanche . . . Le mercredi, parce que Busard est resté tard la veille . . . Tu vois bien qu'il ne peut pas venir plus souvent . . .

– Tu ne penses qu'à toi, dit Cordélia.

– C'est vrai, dit Marie-Jeanne. Moi aussi . . .

– Tout comme un homme . . .

– Je n'y avais pas réfléchi.

A son arrivée, Busard avait droit aux lèvres de Marie-Jeanne. Elle se prêtait au baiser, mais ne le rendait pas.

Le mardi qui suivit le Circuit, il la retint contre lui pour un second baiser. Elle pensa qu'il estimait que son héroïsme pendant la course et sa blessure lui donnaient de nouveaux droits. Elle détourna la tête. Les lèvres du garçon s'attardèrent derrière l'oreille et sur la nuque. Elle se dégagea.

– Asseyez-vous, dit-elle.

– Vous êtes sans cœur, dit-il.

Elle eut un petit rire.

Elle fit le tour de la table, et s'assit sur la chaise de travail à haut dossier. Il esquissa le mouvement de la suivre.

– Non, dit-elle.

Busard rebroussa chemin et s'assit en face d'elle. Elle reprit l'ouvrage en train et se mit à broder. Telle était la règle qu'elle avait imposée pour le début de leurs soirées. Depuis dix-huit mois qu'ils se fréquentaient, sans qu'elle lui eût cédé aussi complètement qu'il ne cessait de le demander avec une ardeur qui n'avait pas diminué, un code s'était formé, qui réglementait leurs entrevues dans le moindre détail. Les rapports d'un être qui désire et d'un être qui se défend prennent le plus souvent un aspect juridique; certains cœurs, certains corps ne s'acquièrent qu'après d'interminables procès. Chaque nouvelle privauté coûtait à Busard plus de soins à obtenir qu'à des diplomates mûris dans la carrière les modifications d'un traité international.

– Comment va ta jambe? demanda-t-elle.

Quand ils étaient seuls, ils se disaient vous* pour tout ce qui a rapport avec l'amour, mais se tutoyaient pour tout le reste. Cela faisait partie de leur code tacite.

– Ce n'est rien, dit Busard. Le docteur m'a passé à la radio. Je pourrai courir dimanche.

– Tu vas t'esquinter.

– Si vous m'aimiez, dit-il, vous verriez ce que je serais capable de faire.

Elle portait une nouvelle blouse de piqué blanc, avec des revers légèrement empesés. Le trait de rouge aux lèvres répondait à la fraîcheur des joues. La coiffure en ondulations bien régulières, comme les tuiles d'un toit qui vient d'être achevé. Busard pensa à l'expression qui compare un visage à la façade d'une maison. Les yeux bleus comme des volets fraîchement peints.

– Comme vous êtes pimpante, dit-il.

Elle leva la tête vers lui:

– Vous me direz cela tout à l'heure.

Tout à l'heure, c'était une fois son travail achevé, quand elle l'autorisera à s'étendre sur le lit, près d'elle. Il avait gagné cette faveur des fins de soirée au quatorzième mois de sa cour.

A l'idée de tout à l'heure, il sentit son ventre devenir lourd.

– Tout de suite! demanda-t-il.

– Non, dit-elle.

– Pourquoi? demanda-t-il.

– Parce que je ne veux pas.

– Petite garce, dit-il tendrement.

Elle sourit.

– Vous me demanderez pardon tout à l'heure.

– Oui, dit-il.

– Reparlons un peu de cette course, dit-elle.

Il resta un instant silencieux, pour reprendre son souffle.

– Le représentant d'Alcyon,* commença-t-il, m'a remarqué. Paul Morel me l'a dit. Ils vont peut-être me proposer un contrat . . .

Il développa les perspectives qui paraissaient s'ouvrir. D'autres avaient commencé comme lui. Quelques années plus tôt, le grand Bobet* courait encore les kermesses des villages bretons. Ce qui était certain: il tenait cette année la «grande forme». S'il n'avait pas fait cette chute, malchance, il aurait gagné le Circuit. Et le Circuit est plus dur que bien des courses inscrites sur le calendrier national; il n'y a que les gens de Bionnas pour ne pas comprendre que c'est une pierre de touche. Devenu professionnel, il disposera de tout son temps pour s'entraîner. Il fera encore des progrès, énormément de progrès. Il n'est pas homme à faire toute sa carrière comme «domestique» des géants de la route. Il saura dire: voilà mes conditions, c'est à prendre ou à laisser; et au besoin s'échapper du peloton contre la volonté du directeur d'équipe, comme il l'a fait pendant le Circuit. Il faut s'imposer; Robic* l'a bien prouvé pendant le Tour de France 1948. Un Jurassien* n'en fait qu'à sa tête. On dira: le grand Jurassien Bernard Busard, Busard l'Indomptable . . . Un coureur gagne bien, surtout quand il joue les grands rôles. Il achètera une voiture, pas une Vedette comme Paul Morel, une Cadillac décapotable, carrosserie sport, pas de sièges arrière.

– Tu veux crâner tout seul au volant, dit Marie-Jeanne.

– Tu seras assise à côté de moi.

– Il y a longtemps que vous m'aurez obliée.

– Voulez-vous qu'on se marie tout de suite?

– Si c'était la Cadillac qui me décidait, c'est le Bressan que j'épouserais.

– Vipère, dit-il tendrement.

Il se remit à parler de sa future gloire. Elle ne répondait que par des taquineries.

La course du dimanche, sa première grande course, avait convaincu Busard qu'il était capable de battre les meilleurs. Marie-Jeanne, au contraire, en retenait surtout l'image du peloton, déployé en éventail sur la route du Clusot, comme gonflé par le vent, lancé à la poursuite du jeune coureur et gagnant du terrain à chaque tour de roue; le maillot rouge, le maillot vert, le maillot blanc qui s'approchaient inexorablement; le grand Lenoir, debout sur les pédales, le visage en proue, l'œil tranquille et dur, comme s'il avait déjà marqué le lieu de la deuxième chute de Busard, celle qui allait assurer sa victoire. Ce sont toujours les plus forts qui gagnent;* elle y croyait aussi fermement qu'à l'ingratitude fondamentale des hommes. A cette lumière, elle revoyait Busard et le Bressan échappés du peloton, analogues à des enfants qui lancent leurs billes sur un jeu de boules où les adultes sont en train de calculer leurs coups: je tire, tu pointes.* Cela ne pouvait que mal finir. Même la victoire du Bressan ne la convainquait pas, tout accidentelle à son idée; à la prochaine course, il ne se relèvera pas du *coup de pompe*. Voilà à quoi elle pensait, en tirant l'aiguille, pendant que Busard lui décrivait son avenir de professionnel.

Dix heures sonna. Elle se leva pour aller chercher les cerises à l'eau-de-vie. Telle était leur habitude. A onze heures, elle rangeait son ouvrage; c'est alors qu'il aura la permission de s'étendre près d'elle, sur le lit. Pendant qu'elle servait les cerises:

– Tu vois, répéta-t-il, j'ai eu raison de ne pas écouter

Paul Morel, le représentant d'Alcyon ne m'aurait pas remarqué . . .

Elle prit la tête du garçon entre les mains et ébouriffa les cheveux.

– Grand maladroit, dit-elle.

Il renversa la tête en arrière et lui offrit ses grands yeux sans secret.

– Tu me fais de la peine, dit-elle.

– Pourquoi? demanda-t-il.

Elle lâcha la tête, prit une cerise et la poussa entre les lèvres du garçon.

– Tais-toi, dit-elle.

Il tendit la bouche vers elle, avec la cerise entre les lèvres. Elle reprit la tête entre ses mains et lui disputa la cerise, avec les dents. Elle a les incisives menues, bien alignées, coupantes comme une faucheuse le premier jour des fenaisons. Elle s'énerva. Elle s'assit sur les genoux du garçon, reprit une autre cerise et la mit entre ses dents à elle.

– Prends, dit-elle.

Il la renversa dans son bras et se pencha sur elle. Il n'arrivait pas à faire lâcher prise aux dents serrées sur le noyau.

– Prends, souffla-t-elle.

Il s'affola.

– Viens, dit-il.

Un bras passé sous les épaules, l'autre sous les genoux, il voulut l'emporter sur le lit. Elle se redressa d'un coup de reins.

– Non, dit-elle.

Elle repassa de l'autre côté de la table.

– Allez-vous-en!

– Je vous demande pardon, dit-il.

Ils se tenaient face à face de chaque côté de la table, elle, les mains posées à plat sur les lingeries auxquelles elle avait travaillé et qui moussaient. Elle avait rougi jusqu'au dessous du cou, dans l'entrebâillement du col du blouson. Elle surgissait tout en flammes des lingeries blanches et du blouson blanc.

– Comme vous êtes belle, dit Busard.

Elle sentit le regard du garçon sur sa gorge.

– Allez-vous-en, je vous en prie, dit-elle.

Il ne répondit pas, ne bougea pas.

– Vous ne voyez donc pas que je perds la tête, dit-elle.

Elle fit le tour de la table et passa devant lui. Il n'osa pas, à son passage, la prendre dans ses bras.

– Il fallait bien que cela arrive, dit-elle, la bouche maussade.

Elle se jeta sur le lit. Il s'allongea près d'elle. Il lui prit la bouche, elle lui rendait ses baisers. Il la caressa, elle se prêtait à ses mains. Il perdit contenance devant un si grand bonheur trop longtemps attendu; il se mit à parler.

– Je vous aime, Marie-Jeanne.

A demi couché sur elle, il lui répétait qu'il l'aimait, en effleurant son visage de petits baisers rapides.

Il lui dit que les jours où elle ne lui permettait pas d'entrer, il se cachait derrière les hortensias et guettait sa fenêtre* jusqu'à ce que la lumière s'éteignît. Qu'il lui arrivait de reprendre son vélo à minuit, à deux heures du matin, rien que pour passer devant chez elle. Que quand elle avait parlé du Bressan, et bien qu'il eût compris que c'était par plaisanterie, il avait eu envie de tuer le Bressan. Que depuis qu'il la connaissait, et bien qu'elle l'eût toujours repoussé, il n'avait pas approché une autre femme. Que tout ce qu'il attendait de la vie, c'était qu'elle l'autorisât de dormir chaque nuit près d'elle et de lui apporter chaque semaine son salaire. Pour l'amour d'elle et si elle l'exigeait, il renoncera même à la carrière de coureur.

– C'est donc vrai, répéta-t-il, que vous voulez bien être à moi.

Busard n'est pas un séducteur. Il ne sut pas profiter de l'occasion, et tandis qu'il parlait, Marie-Jeanne se ressaisit. Elle le repoussa doucement.

– Restez tranquille.

Il revint sur elle. Elle le repoussa plus fermement.

– Pourquoi? demanda-t-il.

– Je ne veux pas.

– Vous vouliez bien.

– Je ne veux plus.

Il sauta du lit, marcha jusqu'au bout de la pièce, revint vers elle.

– Vous êtes une méchante femme.

Il a l'œil noir. Il avait le sourcil froncé. Il paraissait très grand au-dessus d'elle.

Elle sauta prestement du lit, contourna le garçon qui fit demi-tur sur place, sans la quitter du regard, et alla posément jusque devant le miroir rectangulaire, accroché au-dessus de la table de toilette. Elle commença de remettre en ordre sa coiffure.

Il la suivit, la prit par les épaules et l'obligea à se retourner. Il lui saisit les poignets.

– Viens!

– Non.

Elle secoua les poignets, qu'il lâcha.

Il alla jusqu'à la table, s'assit sur la chaise où il avait passé la soirée en face d'elle, cacha sa tête entre ses mains. Elle vit le dos osseux secoué de sanglots. Elle alla s'asseoir en face de lui sur la chaise à haut dossier.

– Bernard, dit-elle, il ne faudra plus venir.

Il n'était pas onze heures. Il leur restait beaucoup de temps à consacrer aux arguties coutumières aux amants et aux époux, heureux ou malheureux: *tu as promis, je n'ai pas promis, j'ai le droit, tu n'as pas le droit, je revendique le droit* et l'argument d'autorité qui clôt quelquefois le débat, prononcé par le plus fort, c'est-à-dire, pour employer leur langage, par celui qui aime le moins: *je veux, je ne veux pas.* Je ne m'étendrai plus là-dessus. J'en ai assez raconté pour que le lecteur s'imagine le ton des dix-huit premiers mois de leurs amours.

Mais un élément nouveau venait de survenir. Marie-Jeanne avait failli céder et elle en avait conclu: il ne faudra plus venir. Même si, comme il était probable, elle levait finalement son interdiction, elle se trouvait désormais obligée de s'expliquer davantage qu'elle ne l'aurait jamais fait.

Pourquoi résistait-elle à Busard avec une obstination qui eût fait la gloire d'une dévote, dans les siècles où l'on croyait que l'acte de chair engage le salut éternel? C'était ce que je ne parvenais pas à comprendre à travers ses confidences, répétées par Cordélia.

– Elle a peur qu'il lui fasse un gosse,* dit Cordélia. Pas besoin d'être psychanalyste pour comprendre cela.

– En 1954, m'étonnai-je. Alors que même les lycéennes savent prendre les précautions élémentaires . . .

– Marie-Jeanne n'est pas une lycéenne.

Cordélia parut furieuse.

– Qui lui aurait appris ce que tes lycéennes prétendent savoir? Où se procurerait-elle ce qui est nécessaire? Qui le lui paiera?

Marie-Jeanne avait avoué à Cordélia trois amis. Le dernier en date avait estimé contraire à son honneur viril de se gainer comme un vieux mari; c'est la seule précaution qu'on connaisse à Bionnas. Il était parti pour le régiment après l'avoir engrossée. L'avortement pratiqué par une commère* avait mal tourné. Le chirurgien de l'hôpital avait fait le curetage sans anesthésier la jeune fille, pour la punir «d'avoir attenté à sa santé». Il y avait quatre ans de cela, et, depuis lors, Marie-Jeanne était restée sage.

– L'amour libre aussi est un privilège! s'écria Cordélia.

– Pourquoi ne se marie-t-elle pas avec Busard?

– Pourquoi se marierait-elle?

Busard, à pédaler sur son tricycle, gagnait un peu moins que Marie-Jeanne. Il habitait chez ses parents. On ne trouve pas de logements à Bionnas, dont la population s'est augmentée* aussi vite que se sont développées les industries des matières plastiques, nées en 1936 en même temps que la presse à injecter, passées au premier rang en moins de vingt ans. Un homme dans la maison où vivaient paisiblement les deux femmes, les exigences d'un mari, l'aisance relative diminuée à chaque grossesse, voilà ce que le mariage apporterait à Marie-Jeanne.

– C'est payer trop cher d'avoir un garçon dans son lit, conclut Cordélia.

– Elle ne l'aime pas.

– Est-ce qu'elle sait si elle l'aime? Elle l'aimerait peut-être si elle était heureuse avec lui. Il y a autant de sortes d'amours que de conditions dans lesquelles se vit un amour. L'amour n'est pas un sacrement. Marie-Jeanne, par bonheur, n'a pas le tour d'esprit à la religion ou à la métaphysique.

– Pourquoi continue-t-elle de le recevoir?

– Elle a le droit de se distraire.

– Il souffre.

– Les hommes se plaignent toujours de cette souffrance-là . . . C'est moins douloureux que de faire une fausse couche.

Ce fut à peu près ce qu'en d'autres termes Marie-Jeanne essaya d'expliquer à Busard, dans la nuit du mardi qui suivit le dimanche du Circuit de Bionnas.

Le débat se prolongea fort tard.

– Demande-moi n'importe quoi, répétait Busard. De quoi ne suis-je pas capable pour te prouver mon amour?

– Soit, consentit finalement Marie-Jeanne. Trouve un vrai métier et une maison, et nous nous marierons.

– Ce n'est rien, s'écria Busard. Dès demain, je demanderai à Paul Morel de me faire entrer à l'usine. Quant à la maison . . .

– Non, coupa Marie-Jeanne. Je ne veux pas d'un mari qui travaille dans la matière plastique.

Les ouvriers de la matière plastique se divisent en deux catégories. Les mécaniciens qui fabriquent les moules; c'est un métier de haute précision, dont Busard est trop vieux pour faire l'apprentissage tout en gagnant sa vie. Les travailleurs aux presses à injecter, simples manœuvres, qui arrivaient en 1954 à gagner cent soixante francs de l'heure dans les établissements où le syndicat était fort; mais ils resteront toute leur vie manœuvres.

– Quand je dis un vrai métier, reprit Marie-Jeanne, je ne parle pas du travail aux presses.

Elle sait, comme toutes les femmes de Bionnas, que

l'homme qui a commencé à travailler à la presse ne quittera plus jamais la presse. Faute de pouvoir augmenter le salaire horaire, il travaillera davantage d'heures. Il commencera par huit heures par jour à l'usine. Puis, pour pouvoir acheter une cuisinière à gaz ou un scooter, il fera des heures supplémentaires chez les artisans qui achètent d'occasion les vieilles presses à injecter. Il travaillera toujours plus long temps; il mangera et dormira pour pouvoir travailler; et rien d'autre jusqu'à la mort.

Or, à Bionnas, il n'y a pas d'autres métiers que ceux de la matière plastique.

– Je veux quitter Bionnas, dit Marie-Jeanne. Voilà ma condition.

– Quand je serai passé coureur professionnel, nous pourrons quitter Bionnas.

– Soit, dit Marie-Jeanne. Nous attendrons pour nous marier que tu t'appelles Louison Bobet.

– Tant pis pour le vélo, s'écria Busard. Nous quitterons Bionnas cette année même.

Il partit sans solliciter un nouveau baiser. Il avait peur à la voir si maîtresse d'elle-même. Un baiser du bout des lèvres eût été désespérant après tout l'abandon qui avait failli en faire sa maîtresse.

3

On ne vit pas Busard à Bionnas pendant toute une semaine. Il revint chez Marie-Jeanne, le mardi suivant, à neuf heures du soir, l'heure où il était autorisé habituellement à se présenter.

– Voilà, dit-il. Je suis allé à Lyon, où j'ai vu des camarades de régiment.* Ils m'ont envoyé à Chalon-sur-Saône, chez des amis à eux qui m'ont envoyé à Mâcon. On nous propose la gérance d'un snack-bar qu'on achève tout juste de construire, entre Chalon et Mâcon, sur la grande route Paris-Lyon-Marseille-Côte-d'Azur. Il passe en moyenne trois cent cinquante voitures par heure.

Il décrivit l'établissement. Un cube de béton blanc, à côté d'un poste à essence équipé de six pompes automatiques, éclairé au néon toute la nuit. Un bar, avec quinze tabourets, dix petites tables de quatre couverts. Logement de trois pièces pour les gérants. Et l'on voit défiler le monde entier, tout au long de l'année.

Il expliqua l'avantage des snack-bars. Que les automobilistes d'aujourd'hui n'aiment pas perdre de temps dans les auberges. Qu'ils préfèrent manger sur le pouce, pendant qu'on leur fait le plein d'essence; et que, s'ils ne veulent pas quitter leur siège, on leur porte un sandwich, avec du vin dans un gobelet de carton. Que le snack-bar, c'est l'avenir. Qu'en dix ans, avec leurs économies de gérants, ils deviendront propriétaires.

On leur demandait une caution de 700 000 francs. Son père lui donnait 150 000; la moitié de ses économies de petit artisan, polisseur des montures de lunettes qui sortaient à demi finies des presses à injecter. L'autre moitié constituerait la dot de sa sœur, Hélène, fiancée à un mécanicien de Plastoform.

Marie-Jeanne annonça que sa mère et elle avaient 225 000 francs placés à la Caisse d'épargne: 150 000 plus 225 000 égale 375 000.

– Nous sommes encore loin du compte, dit-elle . . . Dommage, j'aurais aimé voir passer tous ces gens.

– Reste à trouver 325 000, dit Busard. J'ai mon idée là-dessus.

Il se leva.

– Tu ne restes pas?

– Non. Il faut que je m'occupe tout de suite de trouver ces 325 000 francs.

Il lui tendit la main.

– A jeudi, Marie-Jeanne.

Le Bressan n'avait pas quitté Bionnas.

Sa victoire dans le Circuit lui avait rapporté une douzaine de mille francs, qu'il avait dépensés, le dimanche soir et toute la journée du lundi, au Petit-Toulon, chez Jambe d'Argent. Il avait invité tout le monde à boire du mousseux, coupé de rasades de marc, et n'avait pas dessoulé jusqu'au mardi matin.

Il avait vingt ans; c'était son *année de conscrit*, que les jeunes Bressans célèbrent par toutes sortes d'exploits. Au mois de janvier, avec les dix-huit garçons de son village, nés comme lui en 1934, *ses conscrits,* il avait fait le tour, dix-huit jours durant, de toutes les fermes pour quêter les fonds nécessaires au grand banquet qui s'était célébré le dix-neuvième jour. Autant de jours de quête que de conscrits dans la commune, telle est la coutume en Bresse.

Les jeunes gens font irruption dans les cours, parés

d'autant de cocardes et de rubans que les indigènes de la Nouvelle-Guinée de plumes, de masques et de tatouages pour la célébration des Fêtes de la virilité. Ils exécutent des danses, dont le rythme est marqué par des claquements de talon et les variations accompagnées par une sorte de ululement, modulé différemment dans chaque village, un cri de guerre paroissial; le mouvement s'accélère graduellement jusqu'à épuisement des danseurs; ensuite, on offre à boire et à manger.

Pendant toute cette période, les conscrits veillent chaque soir chez l'un d'eux, à tour de rôle; on boit énormément de marc, qui ne manque pas, tous les fermiers de la région étant bouilleurs de cru.* Le banquet qui clôtura ces dix-huit jours d'une orgie que les ethnographes appelleraient rituelle, dura quarante-huit heures. Il y fut bu quatre hectolitres d'un vin blanc de Noa,* bon marché et âcre, mais riche en alcaloïdes qui excitent au plus haut point les nerfs moteurs, et près d'un hectolitre de marc. Les jeunes filles nées de la même année, les *conscrites* des *conscrits*, furent invitées au premier repas, qui dura de midi à six heures, mais se retirèrent, comme il est de coutume, quand les garçons commencèrent à être ivres. Le Bressan avait bu et mangé davantage qu'aucun de ses camarades. C'était lui qui, chaque nuit, était tombé le dernier. Dans les rixes avec les conscrits des villages voisins, il avait été le plus provocant, le plus combatif et le plus fort. Il modulait mieux que les autres le cri de guerre. Il sautait plus haut, bien qu'étant le plus court. La veuve qui se prête à l'épreuve des jeunes forces des conscrits, l'avait proclamé vainqueur. C'était lui enfin qui avait ramassé le plus d'argent pour le banquet final.

Le mois de janvier ainsi achevé, le Bressan s'était demandé à quels nouveaux exploits se consacrer. En décembre, il sera appelé au service militaire. A sa libération, il se mariera avec la fille d'un voisin, qui lui apportera trois hectares en dot; cela était déjà réglé. Il trouvera trois ou quatre autres hectares à louer et il paiera en journées de travail la paire de bœufs que son beau-père lui prêtera pour les labours et les charrois. Il devra économiser pour acheter des bestiaux et du matériel et prendre un jour une ferme à son compte. Plus tard, économiser pour payer le fermage, et, plus tard encore, quand il aura des enfants, pour prendre une ferme plus grande. La femme tiendra la bourse. Une seule *bringue* par mois, le jour de la foire de Saint-Trivier-de-Courtes. Les soirées passées à méditer les marchandages avec le maquignon, le coquetier et le laitier, et rien d'autre jusqu'à la mort.

De février à décembre, il ne lui restait que dix mois pour accomplir des exploits. Il se sentait fort à obliger un bœuf à s'agenouiller devant lui, courageux à aller tout seul enlever une fille au milieu du bal d'un village ennemi. Qu'on lui proposât un travail, un pari ou une bataille, il n'avait qu'une réponse:

– Ça ne me fait pas peur.

L'année de conscrit est pleine de loisirs. Tout le village respecte cette floraison* qui n'a lieu qu'une fois dans la vie. Les voisins donnent un coup de main au père dont le garçon *fait le conscrit*. Le Bressan, qui avait finalement opté pour des prouesses sportives, commença à s'entraîner dès fèvrier. Il roulait toute la journée sur les routes glacées. Il s'éloignait chaque jour un peu plus. Sa première grande côte, le col de la Faucille, il la grimpa dans la neige fondante et tomba dix-huit fois. Il avait calculé ce que rapportent au cours de l'été les primes des courses de canton,* et qu'elles lui permettront de tenir table ouverte à l'auberge. Il sera doublement champion de cyclisme et de générosité.

Il avait passé à Bionnas la semaine qui suivit le Circuit, parce qu'après qu'il eut dépensé tout l'argent gagné, Jambe d'Argent lui avait fait crédit pour la nourriture, le logement et la boisson. Jambe d'Argent, vieux romantique, aime les *têtes brûlées*. Le dimanche suivant, le Bressan avait couru à Saint-Claude, où il avait dépensé dans la nuit les primes remportées. Il était revenu à Bionnas pour y attendre la course de la Pentecôte à Bellegarde, ville voisine. Jambe d'Argent lui avait de nouveau fait crédit, mais plus pour la boisson.*

Le mardi soir, à neuf heures et demie, il était seul devant un verre vide. Il espérait que quelque client attardé lui offrirait un pot, en souvenir de ses largesses passées.

Busard entra et vint à lui:

– Qu'est-ce que tu bois? demanda Busard.

– Tu me dois cinq mille francs, répondit le Bressan.

– Depuis quand?

– Tu m'as volé la prime au col.

– Fais attention à ce que tu dis!

– Paie-moi, j'ai besoin de sous.

Busard parut avoir un instant d'hésitation. Jambe d'Argent, qui les avait écoutés et qui les observait, crut qu'il allait répondre au Bressan par un affront.

Il s'avança pour garer le matériel.

Mais Busard s'assit en face du Bressan.

– C'est bon, dit-il. On va parler de ça.

Jambe d'Argent s'éloigna.

– Veux-tu gagner 325 000 francs? demanda Busard.

Le Bressan le regarda en clignant des yeux. Il a de petits yeux, fentes étroites dans les joues roses.

– C'est à voir,* dit-il.

– 325 000, d'ici fin novembre, plus 500 par jour pour ta pension. Je te logerai.

– C'est à voir, répéta le Bressan. Pourquoi me proposes-tu cela?

– Parce que j'ai besoin de toi.

Il expliqua son projet. Une presse à injecter fonctionne vingt-quatre heures sur vingt-quatre. Trois ouvriers y travaillent à tour de rôle, à raison de trois postes* de huit heures par jour. Il ne serait pas possible à deux hommes seulement d'en assurer le service,* à raison de deux postes de douze heures, autrement qu'exceptionnellement; la fatigue en effet commence à se manifester, sous la forme d'une somnolence, dès la sixième ou la septième heure; la plupart des accidents arrivent au cours des deux dernières heures des postes de huit heures. Mais en alternant quatre heures de travail, quatre heures de repos, il n'y a pas de raison de ne pas résister indéfiniment. Six fois quatre font vingt-quatre: à raison de trois postes de quatre heures chacun, deux hommes peuvent assurer le service d'une presse.

A 160 francs de l'heure, douze heures par jour, de quelque façon qu'elles soient réparties, rapportent 1920 francs.

Les huit heures du milieu de la nuit sont majorées de cinquante pour cent. Soit 320 francs pour chacun des deux hommes. Ce qui porte leur journée à 2240 francs.

Retirons les 500 francs de la pension. Restent 1740 francs net.

A raison de 1740 francs par jour, il faut cent quatre-vingt-sept jours pour gagner 325 000 francs.

– C'est la somme dont j'ai besoin, dit Busard, et que je te propose de gagner aussi . . . Si nous commençons après-demain, 16 mai, nous aurons terminé le 18 novembre.

– Pourquoi t'adresses-tu à moi?

– Parce que je sais que tu es fort.

– Pourquoi ne travailles-tu pas tout seul quatre heures sur huit?

– Parce que quatre heures-quatre heures, ça tombe tout par travers des postes des autres ouvriers. Un patron ne confiera une machine à une équipe que si elle en assure entièrement le service.

– Cette année, je ne peux pas, dit le Bressan. Je fais le conscrit.

– Réfléchis, 325 000 francs, c'est quatre paires de bœufs.

– Non, dit le Bressan. Une paire de vrais bons bœufs, ça va dans les 90 000.

Busard commanda un second pot. Le Bressan se tut. Il réfléchissait.

– Quatre heures-quatre heures, dit Busard. Tu auras tout le temps de dormir et même de te cuiter. Six mois et quatre jours, ce n'est pas la vie.

– Ça ne me fait pas peur, dit le Bressan. Mais je suis conscrit.

Il réfléchit encore, tête baissée, en grattant le marbre de la table avec son index.

Busard commanda un troisième pot.

– C'est quand cette année qu'ils appellent au service? demanda le Bressan.

– On a dit à la radio le 12 décembre.

– Je suis ton homme. J'achèterai une paire de bœufs et trois vaches, que je laisserai à mon père, pendant que je ferai le zouave.* Avec ce qui restera, je pourrai bringuer,* en attendant d'être appelé militaire.

Après un moment, il ajouta:

– Plus besoin de vélo. Je vais le vendre. Ça fera bien dans les vingt mille. Je te paie un pot.

– Je n'ai plus le temps de boire, dit Busard. Maintenant, il faut que je trouve une presse.

– Tu n'as pas encore la machine? demanda le Bressan, en le regardant soupçonneusement.

»Tu as inventé tout cela pour ne pas me rendre mes cinq mille francs . . .

– La machine, j'en fais mon affaire.

Paul Morel devait trente mille francs à Busard. Il lui avait emprunté par petites sommes.

Busard traversait la cour de l'usine sur son tricycle chargé de montures de lunettes à polir.

– Passe un instant dans mon bureau, demandait Paul Morel.

Il fermait la porte* du bureau.

– Tu ne peux pas me prêter cinq billets?* Le paternel a encore râlé.* Et j'ai promis à Juliette de l'emmener dîner ce soir à Bourg. Je te rendrai cela samedi . . .

Ne buvant pas à cause du cyclisme et vivant chez ses parents, Busard avait toujours un peu d'argent *devant lui*.

Le samedi, Paul rendait deux ou trois mille et essayait de compenser la différence en inscrivant au compte du garçon des heures supplémentaires qu'il n'avait pas faites. Il fermait les yeux quand Busard cachait le tricycle dans un appentis, le temps d'aller faire un petit galop d'entraînement sur son vélo de course.

Jules Morel, le père, était arrivé d'Auvergne* à Bionnas, trente ans plus tôt, comme tâcheron. Il avait construit l'atelier qui devait être le premier de son usine, avec deux compagnons, pour le compte d'un artisan auquel il devait plus tard le racheter. En 1936, il avait placé la totalité de ses économies dans l'achat d'une presse à injecter, la première qui fût importée à Bionnas, et probablement en France. Les artisans avaient souri de la folie du maçon: ils ne croyaient encore qu'au travail à la main: «La matière plastique, c'est spécial.» Mais comment l'idée lui était-elle venue d'introduire la machine à Bionnas? Il avait épousé une Rhénane,* connue pendant l'occupation en 1920; les Allemands furent les premiers à fabriquer des presses à injecter; Jules Morel les vit fonctionner dans une usine de Düsseldorf,* pendant les vacances de 1935, ses premières vacances, qu'il passa dans sa belle-famille; il comprit tout de suite qu'il venait de découvrir l'arme qui lui permettra de conquérir Bionnas.

La presse à injecter fait en une heure le travail de plusieurs journées d'artisan. Avec le bénéfice de six mois de travail sur sa machine, qu'il manœuvrait seul, sous un hangar, Jules Morel put acheter une seconde presse. Il avait le courage, l'âpreté, et aussi la hardiesse des pionniers du capitalisme. Les industries nouvelles suscitent parfois des patrons dignes du début du XIXᵉ siècle. L'idée que ses machines ne fonctionnaient pas la nuit et de tout le profit ainsi gaspillé, lui crevait le cœur; mais impossible de convertir les Bionnassiens aux *trois huit*;* le travail de nuit, dans ce temps-là, leur paraissait contre nature. Il fit venir six Auvergnats et les installa par roulement devant les deux presses qui fonctionnèrent vingt-quatre heures sur vingt-quatre. Il se réserva la partie commerciale.

Ainsi naquit Plastoform qui occupait en 1940 cent cinquante ouvriers autour d'une cinquantaine de presses et autant d'ouvrières dans les ateliers d'assemblage.

A partir de 1940, Jules Morel cessa d'agrandir Plastoform, bien que la guerre eût accru la demande d'objets en matière plastique. Mais de nombreux concurrents avaient surgi à Bionnas et dans toute la France. L'usage de la presse à injecter était en train de devenir la règle. Les artisans ruinés se transformaient en ouvriers à façon pour la finition,* ou s'embauchaient pour le travail aux presses. Les marges de bénéfices se réduisaient. L'industrie de la matière plastique devenait une industrie comme les autres. D'avoir été le premier ne favorisait pas Jules Morel; au contraire, car ses presses étaient déjà démodées.

Il consacra désormais ses bénéfices à acheter des bâtiments et du terrain.* Il spéculait sur la future prospérité de ses concurrents. Les groupes financiers qui commençaient à investir dans la matière plastique allaient avoir besoin de place et de toits pour leurs nouvelles presses, qui coûtaient dix fois ce qu'avaient coûté ses machines à lui. Il s'introduirait de force dans le circuit, pas comme producteur, mais comme propriétaire. Ce qui s'était passé.

Ce qu'on appelle aujourd'hui la Cité Morel,* où habite Marie-Jeanne Lemercier, est un de ses achats de cette époque, une ancienne briqueterie. Elle est mal placée, en contrebas de la route de Saint-Claude, près d'un étang qui se termine en marécage, et sans voirie. Les industriels firent valoir ces inconvénients pour obtenir des rabais. Jules Morel trouva plus avantageux de transformer en logements les bâtiments désaffectés. Il fit installer au centre une fontaine et des latrines *à la turque,* comme dans les casernes. Dans les cours, il installa des baraquements: pas de surface perdue. Une cinquantaine de familles vivaient là-dedans. Les logements de deux pièces, dans les anciens fours, étaient loués huit cents à mille francs par mois; les trois pièces des baraquements, le double. Bon an, mal an, la Cité Morel rapportait un million. Jules Morel allait lui-même toucher les loyers, qui lui payaient ses frais de voiture, une huit cylindres américaine, renouvelée chaque année. Il ne tolérait pas de retard: «J'ai toujours fait face à mes engagements», disait-il, ce qui était vrai.

L'hiver, le marécage envahissait les chemins qui n'étaient pas empierrés; l'eau de la fontaine était polluée, les latrines débordaient. Mais certains estimaient que c'était une chance que d'avoir un logement Cité Morel pour un loyer modéré.

Paul Morel, fils unique, était passé par une école régionale d'arts et métiers,* après avoir fréquenté l'école primaire de Bionnas, où il avait connu Bernard Busard et tous ceux de ses ouvriers qui avaient à peu près le même âge que lui. Il exigeait qu'ils continuassent de le tutoyer. Il avait le titre de directeur de Plastoform et était déjà associé à l'affaire; mais son père gardait la haute main sur tout et même sur les détails.

Morel le fils était toujours d'accord avec les revendications du syndicat. C'était son père qui l'empêchait de céder.

– Bien sûr, disait-il aux délégués, si le vieux m'écoutait, Plastoform ne tiendrait pas longtemps le coup . . .

Il expliquait l'état du marché et l'impossibilité de payer la main-d'œuvre plus cher que les concurrents.

– Quand je dirigerai pour de bon, nous irons à la faillite.

Il haussait les épaules en riant.

Et c'était vrai qu'il ne s'intéressait qu'au cyclisme. Mais comme il ne courait pas lui-même, se bornant à animer et à subventionner l'Etoile, il n'était pas obligé à la chasteté. Il aidait des ouvrières, payant leur loyer ou des robes de confection, les *sortant* à l'occasion dans les boîtes de Lyon ou de Genève, et, quand il aimait d'amour, offrant un scooter.

Morel le père approuvait sans le dire la familiarité avec les ouvriers, qui est de bonne politique et qui correspondait d'ailleurs à son sentiment, le mécénat cycliste, parce que les jeunes gens qui font du sport n'ont pas le temps de fréquenter les réunions politiques, et même les jeunes ouvrières, qui n'empêcheraient pas le mariage avec la fille d'un vrai industriel, possédant une usine *new-look*. Comme il avait gardé pour lui seul la signature en banque, il pouvait veiller à ce que tout cela ne coûtât trop cher, et il n'y manquait pas.

Après avoir conclu son pacte avec le Bressan, Busard alla

demander Paul Morel à l'Hôtel de France, où Morel et fils
traitaient des clients. Paul passa de la salle à manger dans le
vestibule.

– J'ai besoin d'argent, dit Busard.

– Tu tombes mal.

– Tu me dois 30 000.

– Je ne pense qu'à ça,* mon pauvre vieux. Combien te
faut-il?

– 325 000 francs.

Paul Morel rit.

– Je respire, dit-il.

Il rit encore.

– Pour les transferts de capitaux, adresse-toi à mon père.
Mais si tu as besoin de vingt-cinq louis . . .

– Non, dit Busard, j'ai besoin de 325 000 francs.

Et il commença d'exposer son projet.

– Tu m'expliqueras cela demain. Le vieux doit se
demander ce que je fais . . .

– Ecoute-moi.

Busard avait le même air de résolution farouche que
lorsqu'il s'était échappé du peloton. Un esclandre eût
gêné Paul Morel. Son père eût pris en mauvaise part
l'emprunt fait à un ouvrier; à moins que cela ne l'eût
amusé: «Mon fils est encore plus filou que moi»; mais ce
n'était pas sûr. En tout cas, il n'eût pas admis que son fils
se fût mis en situation de subir un esclandre devant les
clients. Il écouta. Ensuite:

– Moi, je veux bien. Mais le singe va dire que tu fous la
vérole* dans le chantier . . .

C'était son style que d'appeler son père «le singe», comme
s'il n'avait été lui-même qu'un employé de la «boîte», ce
qu'il prétendait. «Foutre la vérole dans le chantier» est une
expression idiomatique des gens du bâtiment; il avait appris
cela, en même temps qu'à dire papa, maman.

– Arrange-toi avec ton père, exigea Busard.

– Mais pourquoi 325 000 francs?

– J'en ai absolument besoin.

– Tu as fait des conneries?

– Non. Mais je suis prêt à en faire. Il me faut cette machine pour six mois et quatre jours.

– Au fait la boîte n'y perdra rien.

– Je le sais bien.

– C'est déjà arrivé . . .

On racontait souvent à Bionnas l'exploit d'un Italien qui avait travaillé à une presse, vingt heures sur vingt-quatre, pendant trois mois, pour s'acheter une moto. Sa femme le relayait, pendant les quatre heures qu'il consacrait au sommeil.

– Tu vas rater ta saison cycliste, dit Paul Morel.

Busard n'avait pas parlé du snack-bar parce qu'il était persuadé que Paul Morel s'opposerait à son projet, tenant à le conserver à l'Etoile, maintenant qu'il en était devenu, après Lenoir et bientôt devant lui, le meilleur coureur. Il se trompait.

Morel était persuadé que sa brillante échappée du Circuit n'avait été qu'un accident; «Busard a du courage, mais pas de fond»,* voilà ce qu'il disait.

– Le Circuit m'a claqué, dit Busard. Ma jambe me fait encore mal. Je ne ferai plus rien de bon cette année.

Il parlait contre sa conviction pour lever ce qu'il croyait être la principale objection de Morel.

– Je vais essayer de convaincre le vieux, dit celui-ci.

– Réussis, dit Busard, en fronçant ses sourcils qui sont noirs et rapprochés, ce qui lui donne facilement l'air d'être prêt à un *coup de tête.*

Paul Morel entra dans la salle à manger et prit un instant son père à part.

– Non, dit Jules Morel. Si chaque ouvrier travaillait aux heures qui lui chantent . . .

Paul insista. Bernard était un camarade d'école, cela ferait mauvais effet qu'il lui refusât une faveur qui ne coûtait rien. Morel père, qui s'ennuyait avec les clients (il n'aimait pas cette habitude de traiter les affaires à table; il s'était *fait** en discutant sans mâcher les mots, derrière son bureau qui était de bois massif et supportait les coups de poing) écouta son fils.

– Busard, demanda-t-il, n'est-ce pas ce garçon qui fréquente la Marie-Jeanne de la Cité?

Il réfléchit un instant.

– Fais comme tu veux, dit-il . . . A condition que le syndicat soit d'accord. Je ne veux pas me mettre le syndicat sur le dos, pour le seul plaisir de faire un avantage à un de tes coureurs. Il s'agit bien de cela, n'est-ce pas? Busard, c'est le grand maigre qui a failli gagner le Circuit?

Paul Morel alla transmettre la réponse.

– Merci, dit Busard. Pour ce qui est du syndicat, j'en fais mon affaire.

Paul Morel retourna, le cœur léger, boire le champagne avec les clients. Il considérait qu'il s'était libéré de sa dette. Une soirée qui lui rapportait 30 000 francs.

Busard alla dès le lendemain matin dire à Paul Morel qu'il avait obtenu l'accord du syndicat. Ce n'était ni vrai, ni faux, le garçon ayant omis de poser la question aux délégués.

L'après-midi, il alla à Mâcon, par le train, et signa le contrat pour la gérance du snack-bar. Il versa en acompte les 375 000 francs rassemblés par Marie-Jeanne et lui-même, le solde, c'est-à-dire 325 000 francs, payable fin novembre.

Il entra à l'atelier dès le jeudi, en même temps que les ouvriers du second poste, à huit heures du matin. C'était le 16 mai. Il aura fini sa tâche le 18 novembre, un dimanche, à huit heures du soir. Le contremaître, qui avait été prévenu, lui remit en charge sa machine, une presse semi-automatique, du modèle le plus récent en usage à Plastoform.

La presse fonctionne dans le sens horizontal. Elle mesure dans les trois mètres.

En tête, et plus haut que le corps, le réservoir, qu'il faut remplir plusieurs fois par jour, plus ou moins souvent selon le volume de l'objet fabriqué. C'est le travail d'un manœuvre qui amène sur un chariot le mélange convenable. La matière plastique, à l'état brut, ressemble à du sucre cristallisé, mais dans les teintes les plus diverses. La couleur de l'objet moulé par Busard était le rouge géranium. Une fois toutes les deux heures, les cristaux géranium coulaient du chariot dans le réservoir, avec un joli bruit analogue au froissement de la soie.

Du réservoir, la matière plastique tombe automatiquement dans le cylindre, qui se trouve au-dessous, comme le cou sous la tête. C'est dans le cylindre, aux parois d'acier spécial enrobées dans un bloc de fonte, et dont l'intérieur demeure perpétuellement invisible, que les cristaux de matière plastique entrent en fusion, par l'effet d'un dispositif électrique.

Le cylindre de la machine de Busard, posé sur quatre poteaux comme un lion sur ses pattes, mesure deux mètres.

Le piston glisse dans le cylindre et projette la matière en fusion dans le moule, au travers d'un étroit conduit où elle se pulvérise.

Le moule, à l'extrémité du cylindre opposée au réservoir, est comme le ventre de la presse. Une tête cylindrique: le réservoir, emmanchée d'un long cou posé horizontalement: le cylindre, aboutissant à un ventre court: le moule, telle apparaissait la machine confiée à Busard.

Le ventre est composé de deux parties, l'une mâle, l'autre femelle.*

La partie mâle obture la sortie du cylindre. Côté cylindre elle est lisse, sauf l'entrée du conduit injecteur. Côté ventre, elle porte, incorporé à elle-même, le moule en plein de l'objet à mouler, percé en son centre par l'orifice du conduit injecteur. La partie mâle fonctionne donc simultanément comme moule en plein et comme injecteur.

La partie femelle dresse, face au moule en plein, le moule en creux.

Le ventre s'ouvre et se ferme à chaque opération.

Quand le ventre est fermé, la partie mâle et la partie femelle sont étroitement ajustées l'une à l'autre. Mais un vide demeure au centre, qui a exactement la forme et le volume de l'objet à mouler: c'est la matrice.

Aussitôt le ventre fermé, le piston se met en marche, mû par une pression de plusieurs milliers de kilos. Il projette violemment la matière plastique en fusion du cylindre dans la matrice, au travers du conduit injecteur, où elle se pulvérise au passage.

Le va-et-vient du piston, le long cylindre dardé au creux du ventre et l'injection de la matière plastique en fusion dans la matrice du moule, font l'objet, parmi les travailleurs de la matière plastique, d'innombrables plaisanteries.

Quand le piston revient en arrière, son extrémité saillit sous le réservoir, comme le jabot sous la tête du dindon mâle qui fait la roue devant sa compagne. Mais le métal du piston, lisse et huilé, est bien plus beau que le jabot craquelé du dindon.

Dans la paroi du ventre, des serpentins font circuler une eau glacée qui refroidit et durcit la matière en fusion injectée dans la matrice.

Dès que la matière est refroidie, le ventre s'ouvre, la partie femelle s'écarte de la partie mâle, et l'ouvrier retire l'objet achevé, posé sur le moule en creux qui s'est abaissé, comme un œuf dans son nid. Le ventre se referme.

Moule en creux et moule en plein sont en acier chromé, qui jette des éclats. Il faut les polir souvent, à la peau de chamois, sinon la matière plastique en refroidissant s'attacherait aux parois. Le ventre de la presse à injecter est délicat et précieux comme le moteur d'une voiture de course.

Busard contempla avec plaisir, allongée devant lui comme un bel animal, la puissante machine qui allait lui permettre d'acheter la liberté et l'amour.

Le ventre dans lequel ses mains allaient avoir à travailler pendant cent quatre-vingt-sept jours n'était plus séparé de lui que par le réseau à jours octogonaux* de la grille de sécurité. Le moule ne s'ouvrira que quand il aura levé la grille, ne se fermera que quand il l'aura abaissée. C'est pour l'empêcher d'oublier par mégarde sa main dans la matrice, au moment où la partie femelle va s'ajuster à la partie mâle.

Ce ventre peut à l'occasion se transformer en mâchoire capable de broyer n'importe quel poing.

L'objet que fabrique vingt-quatre heures sur vingt-quatre la presse confiée à Bernard Busard, est un carrosse Louis quatorzième,* aux angles surmontés de plumets. Un jouet, qu'on peut acheter au rayon Enfants de certains magasins à succursales multiples. Les quatre chevaux et le timon sont moulés par d'autres presses, et le tout assemblé à l'étage au-dessus, dans les ateliers de femmes. Le moule a été acheté d'occasion en Amérique. Là-bas on ne l'injectait pas en rouge géranium,mais en noir, et l'objet fabriqué ne portait pas le nom de carrosse, mais, maquette d'un cor-billard de première classe, servait pour la publicité d'une entreprise de pompes funèbres.

Dans le ventre à serpentins, la matière plastique refroidit en trente secondes. L'ouverture et la fermeture du ventre, et l'injection de la matière en fusion exigent dix secondes. La presse fabrique un objet toutes les quarante secondes.

Busard calcula qu'en cent quatre-vingt-sept jours, il produirait 201 960 corbillards-carrosses, et le Bressan autant.

Il connaissait déjà la manœuvre des presses, ayant fait à plusieurs reprises des remplacements dans les ateliers. Le travail au demeurant était d'une extrême simplicité, la machine étant presque entièrement automatique. Il enclencha la manette qui branche le courant. C'était un geste à faire une fois pour toutes. Il leva la grille de sécurité. Le ventre s'ouvrit. Il mit la main dans le ventre et en détacha le dernier carrosse moulé par l'ouvrier du poste précédent.

Le carrosse, quand il sort du moule, se trouve comme ouvert et aplati le long d'une charnière longitudinale qui passe par le milieu du toit et le sommet du crâne du cocher. Ce sont comme deux carrosses qui sont moulés en même temps et côte à côte: partie gauche et partie droite. Il en est de même de tous les objets dont l'intérieur est creux. Si la partie gauche seulement était inscrite dans le moule en creux et seulement la partie droite dans le moule en plein, ou inversement, le carrosse achevé serait plein. Le carrosse tout entier, côté gauche et côté droit, est par conséquent également inscrit dans les deux moules.

Ce que Busard retira du ventre de la presse était donc un objet presque plat, presque carré, le bas-relief de deux carrosses symétriques posés l'un sur l'autre, celui du dessus ayant les roues en l'air, celui du dessous, les jambes du cocher en l'air. Les ouvrières de ateliers d'assemblage les colleront l'un à l'autre pour en faire un seul carrosse.

Busard baissa la grille de sécurité.

Le ventre se referma. Le piston se mit en marche.

Busard, d'un coup de pince, trancha au centre des carrosses jumelés qu'il tenait entre les mains, une saillie, une sorte de bavure, qu'on appelle carotte. C'est le reste du cordon ombilical de matière plastique qui, durant le refroidissement, relie la matrice au cylindre, au travers du conduit injecteur.

En appuyant les deux pouces au centre, et en faisant pression sur les extrémités avec les paumes, il cassa en deux, selon la ligne médiane, l'objet qu'il tenait entre les mains, séparant ainsi les deux carrosses jumelés.

Puis il les jeta derrière lui, dans une caisse, qui sera transportée par un manœuvre à l'atelier d'assemblage.

Les trois gestes: trancher, séparer, jeter, n'exigent que dix secondes. Il restait à Busard près de vingt secondes à attendre, avant que s'allume le voyant rouge qui indique que la matière injectée est refroidie. C'est son temps de repos.

Le voyant rouge s'alluma. Busard leva la grille de sécurité. Le ventre s'ouvrit. Busard détacha du moule les carrosses jumelés, baissa la grille, trancha, sépara, jeta, attendit . . .

L'atelier était le plus récent de Plastoform, éclairé par de grandes baies vitrées qui donnaient sur un parterre de bégonias. Aux murs, des carreaux de matière plastique, verts, blancs, bleus, roses, plus pimpants que des céramiques; c'était une idée de Paul Morel,* qui était en train de lancer le produit sur le marché. On faisait visiter l'atelier aux clients; ils disaient: «La jolie céramique . . .»; on leur répondait: «Création Plastoform, la pose exige trois fois moins de main-d'œuvre que la céramique véritable.»

Les presses, mues électriquement, étaient presque silencieuses. A l'entrée des cylindres, les tiges des pistons, polies et luisantes comme les cuisses des chevaux de course, allaient et venaient, dans une majestueuse lenteur. La lente cadence, imposée par le temps de refroidissement, donnait aux gestes des ouvriers une apparence de solennité. Ils ne parlaient, ne riaient, ni ne chantaient. Le regard perdu,* chacun poursuivait son rêve, sa méditation ou son calcul, détachait, tranchait, séparait, jetait, une fois toutes les quarante secondes, ou toutes les cinquante, ou toutes les trente, selon l'objet fabriqué.

Le jouet moulé par la presse de Busard mesurait vingt centimètres, dans le sens de la longueur. Il calcula que les 201 960 jouets qui allaient passer par ses mains, s'ils étaient mis bout à bout, s'allongeraient sur une distance de près de quarante kilomètres. Quinze cents mètres seulement séparent Plastoform de la Cité Morel. Dans quarante kilomètres, il y a plus de vingt-six fois quinze cents mètres. Supposons que les carrosses-corbillards soient rangés vingt-six de front . . . c'était un immense tapis rouge-géranium qu'il était en train de tisser pour aller chercher Marie-Jeanne.

Le Bressan vint à midi prendre le premier relais. Busard resta, pour le mettre au courant du travail; il ne se sentait pas du tout fatigué, plus dispos et plus joyeux encore qu'au début de la matinée.

– Compris, disait le Bressan, compris . . .

Il voulut se mettre tout de suite au travail. C'était tellement simple.

Busard expliqua les ennuis possibles. Il arrivait que la matière plastique refroidie collât dans le moule; il fallait la détacher avec un outil et nettoyer le moule. Il arrivait que la carotte cassât à l'intérieur du conduit injecteur et l'obstruât; la matière en fusion ne passait plus; le ventre s'ouvrait et l'on trouvait la matrice vide; la portion de carotte demeurée dans le conduit s'appelle téton; on dégage le conduit avec une tige de bronze dénommée chasse-téton.

Busard montra où le chasse-téton était rangé, sous le réservoir, et comment on arrête la presse pour faire la réparation. Il n'y a qu'à déclencher une manette et le courant est coupé. Aucun risque si on oublie, le ventre ne pouvant se refermer que si la grille de sécurité est abaissée.

Cette grille agaçait le Bressan qui, dans la première demi-heure, oublia plusieurs fois de la lever ou de l'abaisser; alors la presse s'arrêtait net; on s'apercevait au silence soudain qu'elle est plus bruyante qu'on ne l'avait d'abord cru.

Sa marche s'accompagne de maints frottements, chuintements, roulements, glissements, qui lui font toute une vie, comme celle qu'on entend lorsqu'on pose l'oreille sur un ventre. Pourquoi cette grille, puisque l'ouvrier, durant les dix secondes entre l'ouverture et la fermeture du ventre, a trois fois le temps d'ôter de la matrice l'objet moulé?

Busard répondit que le risque était que l'ouvrier s'endormît, la main dans le ventre de la presse. Il y avait eu énormément de mains broyées à Bionnas, avant que l'Inspection du travail imposât la mise en place des grilles de sécurité. Le Bressan estima qu'il fallait être bien feignant pour s'endormir au cours d'un travail qui demandait si peu de peine. Il commençait à croire qu'il avait fait une excellente affaire. Busard, qu'il agaçait par son inébranlable confiance en soi, ne lui décrivit pas la somnolence que provoque la répétition indéfinie des mêmes gestes et dont il est d'autant plus difficile de se défendre qu'ils n'exigent ni effort, ni attention. Le paysan s'en apercevrait bien.

– C'est comme cela, dit Busard.

Mais il expliqua par honnêteté qu'il arrivait que la presse s'affolât. Il suffit d'un mauvais contact sur l'un des circuits qui règlent le déroulement des opérations. Le piston s'emballe et crache la matière en fusion avant que le ventre ne se soit refermé: la main brûle. Ou bien, le ventre, à peine entrouvert, se referme: la main est écrasée. La grille pare en principe à tous ces dangers, puisque tant qu'elle est levée, le courant est coupé pour toute la presse. C'est pourquoi le mécanisme de la grille n'est pas également automatisé; elle n'obéit qu'à la main de l'ouvrier, qui demeure ainsi maître de sa machine. Il arrive cependant que le coupe-circuit de la grille ne fonctionne pas; alors la presse continue de se mouvoir, grille levée; mais il y avait si peu de probabilités que cet accident coïncidât avec l'ensommeillement de l'ouvrier ou l'affolement de la machine, qu'autant valait ne pas en parler.

La manœuvre de la grille constitue deux des six opérations que l'ouvrier doit accomplir au cours de chaque opération: ouvrir la grille, détacher l'objet, fermer la grille, trancher, séparer, jeter. La manœuvre de la grille constitue le tiers de son travail, le tiers de sa fatigue. Il a fait depuis longtemps le calcul. Beaucoup d'ouvriers suppriment le coupe-circuit que le mouvement de la grille met en action; c'est très simple: deux vis à ôter, une épissure à faire sur le fil. Le contremaître ferme les yeux, sauf quand l'arrivée de l'inspecteur du travail est signalée; alors l'ouvrier manœuvre la grille à chaque opération, geste que le non-fonctionnement du coupe-circuit rend purement symbolique. L'inspecteur du travail ne s'aperçoit ou feint de ne s'apercevoir de rien. S'il arrive un accident, l'examen de la machine révèle le truquage, et la responsabilité du patron est dégagée.

Busard ne révéla pas à son coéquipier le mécanisme du coupe-circuit. Le Bressan s'en apercevra bien assez tôt. Depuis que les grilles de sécurité étaient obligatoires, on comptait quand même encore à Bionnas une trentaine d'accidents du travail par an, pour la plupart des doigts ou des mains écrasés.

En se décidant à travailler à l'atelier, Busard s'était juré de respecter la règle de sécurité. Il ne touchera jamais au coupe-circuit. Comme tous les jeunes gens nés à Bionnas, il connaissait toute l'étendue de la tentation et du danger. Il préférait le tiers de travail, de fatigue de plus. Il n'était pas lié à la presse pour la vie, comme la plupart de ses camarades d'atelier. Lui, dans six mois, il traitera dans son snack-bar les passagers des longues voitures qui glissent sur la nationale N° 7; Marie-Jeanne, à la caisse enregistreuse, additionnera les recettes; ils économiseront pour acheter la Cadillac; ils deviendront à leur tour des clients des snack-bars . . .

– Alors fiston, on veut casser les vitres?

Chatelard, le secrétaire du syndicat, venait de surgir derrière lui.

– Viens dans la cour. J'ai deux mots à te dire.

– Je travaille, dit Busard sans se retourner.

– Anar* comme ton père?

Chatelard est un vieil ami du père de Busard. Ils ont mené ensemble la campagne électorale du Front populaire,* en 1936, et en juin de la même année les combats contre les Croix de feu,* au cours desquels il arrivait que des coups de feu fussent échangés. En 1945, le père de Busard laissa tomber, dégoûté que la classe ouvrière n'eût pas profité de la Libération* pour prendre le pouvoir. Il avait également abandonné le syndicat; travailleur à façon, il se prétendait maître chez lui. Il regrettait, sans l'avouer complètement, le temps où il avait fondé avec des camarades l'Aube-Sociale,* coopérative de consommation, épicerie-fruiterie-quincaillerie, et aussi café-brasserie, où se réunissaient les militants ouvriers (mais on s'était aperçu en 1914 que le gérant du café était un indicateur de police). En ce temps-là, l'Aube-Sociale éditait un hebdomadaire socialiste, auquel Lénine, réfugié en Suisse,* collabora. Le vieux militant boudait aux formes contemporaines du combat politique. Mais il était resté lié à Chatelard, avec lequel il discutait des soirées entières, au café de l'Aube-Sociale, qui existait toujours. «Coco», «anar», les deux hommes n'en avaient jamais fini de s'injurier amicalement.

– Vous voyez bien que je travaille, répéta Busard, sans se retourner.

– Bon, bon, dit Chatelard, A ce soir. Nous nous expliquerons devant ton père.

– Je reviens, dit Busard au Bressan. Appelle-moi si quelque chose ne marche pas . . .

Il sortit derrière Chatelard.

– Alors, dit le délégué, non seulement tu fais des heures supplémentaires, mais tu te les fais payer au tarif ordinaire . . .

– Je me défends comme je peux, dit Busard.

Le syndicat était opposé par principe aux heures supplémentaires, mais il était bien obligé de fermer les yeux, la plupart des travailleurs ne pouvant pas vivre avec le salaire des quarante heures par semaine. Toutefois, sur le tarif des heures supplémentaires, le syndicat restait intransigeant, approuvé par la quasi-unanimité des ouvriers. Les heures supplémentaires devaient être payées cinquante pour cent en plus; à Plastoform, lorsqu'elles se situaient pendant le poste de nuit, au tarif majoré, elles se payaient trois cent soixante francs. Mais sauf aux rares époques où, tous les industriels de Bionnas ayant reçu simultanément de grosses commandes, la main-d'œuvre manquait, Plastoform ne faisait pas faire d'heures supplémentaires aux ouvriers aux presses; ceux-ci allaient gagner leur salaire d'appoint, après leur poste à l'usine, chez des artisans. Busard n'avait jamais envisagé de demander qu'on lui paie au tarif syndical les huit heures supplémentaires que le Bressan et lui faisaient chaque jour: «Es-tu devenu fou?» lui aurait demandé Paul Morel. C'était par faveur qu'il avait obtenu un poste supplémentaire; on ne fait pas payer une faveur.

– A deux, reprit Chatelard, vous faites le travail de trois. Est-ce que tu te rends compte que tu ôtes le pain de la bouche d'un ouvrier?

Busard ne répondit pas. Il se tenait debout devant le vieux délégué, sans le regarder, les lèvres serrées.

– Ton père a une tête de cochon,* reprit le vieux délégué. Mais du temps qu'il travaillait dans une boîte, il n'a jamais fait de saloperie.

– Il n'y a pas de chômage en ce moment, dit Busard. Je n'ôte le pain à personne.

– Pas de chômage à Bionnas, mais il y en a ailleurs. Tous les ouvriers sont solidaires.

– Moi je vis à Bionnas. . . . dit Busard.

». . . pour l'instant, ajouta-t-il.

– Tu dérailles, dit Chatelard.

– J'ai besoin de 325 000 francs.

– Moi aussi. Depuis que je suis né.

– Je suis fiancé avec la Marie-Jeanne de la Cité.

– Ça m'étonne qu'elle te laisse faire des malpropretés.

Chatelard s'était occupé de la mère de Marie-Jeanne et de la fillette, après que le père eut été tué par la chute d'une presse à celluloïd. Il s'était battu pour que la veuve obtînt une pension. Il avait toujours veillé à ce que Marie-Jeanne eût un cadeau, le jour de Noël. Plus tard, il était intervenu pour qu'elle entrât à l'école professionnelle où elle avait appris le métier de lingère. Il allait de temps en temps, le soir, bavarder un moment avec la mère. Busard avait calculé tout cela, en lançant le nom de Marie-Jeanne.

– Raconte ton histoire, dit Chatelard.

Busard expliqua que Marie-Jeanne exigeait de quitter Bionnas. Elle avait mis l'obtention de la gérance du snack-bar comme condition à leur mariage. Lui, il avait été obligé d'imaginer quelque chose pour gagner les 325 000 francs qui leur manquaient.

– Un snack-bar?. . . demanda Chatelard.

– Un restaurant où l'on mange sur le pouce, à côté d'un poste à essence . . . C'est comme cela aujourd'hui. Les chauffeurs veulent être servis rapidement. Au début, Marie-Jeanne fera la cuisine; rien que des grillades et des hot-dogs.

– Des hot-dogs?

– Des petites saucisses.

– Pourquoi ne parles-tu pas français?

– Moi je servirai.

– Etre larbin, voilà ton idéal.

– Plus tard on aura du personnel. Marie-Jeanne tiendra la caisse. Moi, je dirigerai.

– Exploiter l'homme, voilà toute ton ambition.

– Moi, dit Busard, je ne fais pas de politique.

– A ton âge, je rêvais de faire la révolution, de libérer tous les travailleurs. Je n'ai pas changé d'ailleurs. Lutter pour que tout le monde ait droit «au pain et aux roses»,* ça ne te dit rien à toi?

– C'est bien noble de votre part, dit Busard.

Il s'appuyait d'une jambe sur l'autre. Il regardait la bouche du vieil homme, pour ne pas avoir l'air de fuir son regard, mais quand même ne pas rencontrer ses yeux.

– Moi, dit-il violemment, je veux vivre aujourd'hui.

– Ça te regarde, dit Chatelard. Gagne ton argent, pour acheter le droit d'être valet. Mais dans les règles. Pas une seule heure supplémentaire. Tu mettras un an au lieu de six mois, ça te fera les pieds.

– Vous êtes le plus fort, vous en profitez.

– Parfaitement, mon garçon.

– C'est que voilà, dit Busard. Marie-Jeanne ne peut pas attendre pour se marier.

– Explique-moi cela.

– Il n'y a rien à expliquer. Ça se comprend tout seul.

Il avait de nouveau baissé la tête.

– Montre un peu tes yeux.

Busard releva la tête.

– Je n'aime pas ton air, dit Chatelard.

Busard fronça le sourcil.

– Pourquoi me cherchez-vous des crosses? Je suis honnête. Quand j'ai su que nous allions avoir un môme, je lui ai proposé de l'épouser.

– Je n'aime pas ta façon de parler.

– Qu'est-ce que vous voulez que j'y fasse?

Le vieil homme roula une cigarette en regardant le garçon qui se tenait devant lui, les bras croisés, le visage fermé.

– On peut se marier sans faire tant d'histoires.

– De toutes manières, il nous faut de l'argent pour nous installer.

Le vieil homme se détourna pour allumer sa cigarette

à son briquet, dans le creux de sa main.

– Je ne comprends pas Marie-Jeanne, dit-il.

– Elle ne se plaît pas à Bionnas, dit Busard.

– Je m'en doutais, dit lentement Chatelard . . . Elle n'a jamais voulu travailler en boîte . . . Elle préfère rester toute la journée seule, à tirer l'aiguille, derrière sa fenêtre . . . Elle se fait des idées . . .

Il resta un instant silencieux. Busard devina à quoi il réfléchissait.

– Elle n'arrive pas à oublier l'accident de son père, dit-il.

– Tais-toi, dit Chatelard. Tu n'as pas le droit de parler de ça.

– Toujours les grands mots, dit Busard. Vous n'êtes pas en réunion publique.

Chatelard le dévisagea. Busard avait croisé les bras, le regardant d'un air de défi.

– Tu ne me plais pas, dit Chatelard.

Il se détourna et ralluma sa cigarette.

– . . . Peut-être que je ne comprends rien aux jeunes gens de maintenant. . . Il y en a pourtant qui me paraissent faits d'une bonne matière . . .*

Il regarda de nouveau Busard.

– Tu te débrouilleras avec les autres délégués . . . Je ne peux pas être impartial, parce que j'aime bien la Marie-Jeanne, et ça ne me plaît pas qu'elle se marie avec un petit gars qui se conduit mal . . . Tu t'expliqueras. Je n'interviendrai pas.

Il fit demi-tour et s'éloigna du pas lourd et résolu qui fait qu'on le reconnaît de loin dans les rues de Bionnas.

– J'ai gagné, j'ai gagné, se disait Busard avec exaltation.

Il ne craignait pas les autres délégués syndicaux de Plastoform, moins rigoureux que Chatelard sur les principes, et qui s'amuseront de la prouesse des deux garçons. Ils se moqueront de lui:

– Tu caleras avant la fin, coureur à la manque . . .

Mais ils ne s'opposeront pas à l'entreprise.

Il retourna pour un moment à l'atelier. Le Bressan avait

attrapé le rythme: lever la grille, détacher la carotte, séparer les carrosses jumelés, les jeter dans la caisse, attendre que s'allume le voyant rouge, lever, détacher, baisser, trancher, casser, jeter, attendre, lever, détacher . . .

– C'est moins dur que de labourer, dit-il. Les ouvriers ont bien de la chance.

Lui aussi exultait. Il pensait aux bœufs et aux vaches qu'il allait acheter, et à longue suite de bringues avant le départ pour la caserne.

La grande horloge, placée au fond de l'atelier de telle manière qu'on puisse la voir de partout, marquait quinze heures, douze minutes, trente secondes. Elle indique les secondes, parce que les presses en usage auparavant n'étaient pas équipées de voyants; pour ouvrir le moule en temps voulu, l'ouvrier avait été naguère obligé de compter les secondes du temps de refroidissement.

Les travailleurs du second poste de la journée (8 heures-16 heures), qui n'avaient pas quitté les presses depuis le début de la matinée, levaient de plus en plus souvent les yeux vers l'horloge. Au cours de la dernière heure du poste, beaucoup essaient d'accélérer la marche du temps en combinant de diverses façons la manière de suivre le déplacement des aiguilles; par exemple, en ne regardant que l'aiguille des secondes et l'on se fait une bonne surprise en s'apercevant tout d'un coup que l'aiguille des minutes s'est déplacée de quatre crans au lieu de trois seulement qu'on s'était obligé à calculer.

Le contremaître vint relever les chiffres des compteurs; les presses enregistrent elles-mêmes le nombre d'opérations exécutées, qui correspond au nombre de pièces produites. L'ouvrier a droit à une marge de 5% par rapport au plein rendement de la machine. Les accidents mécaniques, si on les étale sur un an pour obtenir une moyenne équitable, ne diminuent la proportion que de 2,3%. La marge de 5% tient donc largement compte des défaillances de la machine humaine. Au-delà de 5%, l'ouvrier est supposé avoir omis volontairement et fréquemment d'ouvrir la grille de sécurité, aussitôt que s'allumait le voyant rouge. Une amende est alors infligée, proportionnelle au nombre d'opérations manquantes et à la fréquence de la faute. Ce système, explique Morel le père, a l'avantage d'éliminer automatiquement les *tire-au-flanc*; inutile de parlementer avec le syndicat pour obtenir l'autorisation de les licencier; ils s'en vont d'eux-mêmes, quand ils s'aperçoivent que le montant des amendes est devenu supérieur au salaire; le jour de la paie, *ceinture;* * on ne les revoit plus.

– Je vais manger un morceau, dit Busard.

– Prends ton temps, dit le Bressan. Je ne suis pas du tout fatigué. Si tu veux, ne reviens qu'à six heures . . .

Busard monta vers la Cité, dans l'idée de saluer au passage Marie-Jeanne. Paul Morel sortait d'un bistrot de l'avenue Jean-Jaurès.

– Alors, content?

– Pour être content, je suis un peu content, s'écria Busard.

Paul Morel appartient à la classe des patrons, puisque c'est sa famille qui possède les machines, ce qui lui donne le droit de diriger l'entreprise (sous le contrôle de son père). Mais sa promotion est toute récente: en 1936, son père était encore tâcheron; et lui, il a fait ses classes primaires dans la même école que la plupart de ses ouvriers. Quand un événement imprévu l'oblige à réfléchir, il estime qu'il a bien de la chance d'être né fils de patron, et bien de la malchance d'avoir un père aussi *radin*; mais telle est la vie avec ses bons et ses mauvais côtés. Ce sont seulement ses enfants qui ne s'étonneront pas (s'il arrivait que le régime subsistât) que les hommes soient partagés en deux classes, ceux qui possèdent les machines et ceux qui les font marcher, qui estimeront même que les ouvriers ont bien de la chance qu'il se trouve des patrons pour leur faire gagner leur vie. Paul Morel est encore assez peuple:

1° Pour comprendre que Busard se réjouisse d'avoir trouvé le moyen de gagner les 325 000 francs dont il a besoin. L'acquisition d'une somme d'argent supérieure à celle qui est nécessaire pour la vie quotidienne, pose pour tout ouvrier un problème difficile et souvent sans solution. Mais:

2° Pour s'étonner que la satisfaction de Busard soit sans réserve. Les 325 000 francs vont lui coûter cher: cent quatre-vingt-sept jours d'un travail *de machine*; Morel a assez vécu près des presses pour imaginer *l'ennui* de ceux qui les manœuvrent; et il est assez jeune pour que les cent quatre-vingt-sept jours d'ennui lui paraissent une éternité de malheur. Plus sa saison de coureur. Plus les 30 000 francs au remboursement desquels il a tacitement renoncé pour obtenir le droit de servir la presse aux carrosses plus d'heures qu'il n'est de règle à Plastoform.

Busard aussi est conscient que les 325 000 francs vont lui coûter cher. Mais il les veut. Il est dans l'état d'esprit du coureur qui sprinte pour une prime au passage; il la veut; il gaspille ses réserves de force; tant pis pour *le coup de pompe* qui suivra nécessairement. Ou comme le vieillard, ruiné par une fille,* qui vend sa rente viagère pour faire un cadeau qui lui méritera encore un sourire, un instant de bonne grâce, le dernier. Toutes les passions provoquent le même affolement, la même course éperdue dans un couloir sans issue, quand elles sont parvenues au point où celui qui les subit, comme disent les joueurs, flambe.

Paul Morel se mourait de savoir le secret de Busard. Pourquoi payait-il si gros pour se procurer dans les six mois 325 000 francs? Il l'invita à boire un verre.

– Une fine, commanda Morel.

– Un vittel fraise,* dit Busard.

Mais il se ravisa aussitôt. Ne courant plus, il n'était plus condamné à l'abstinence.

– Une fine aussi, dit-il.

Il n'avait pas encore réalisé cet autre aspect de son entreprise. Il ne faisait plus partie de la cohorte des héros qui renoncent volontairement aux petites facilités.* Ce fut ce qui lui poigna* davantage le cœur. Il n'aurait jamais plus rien à sacrifier à *la forme*. Il était rentré dans le rang, devenu pareil aux vieux ouvriers qui n'ont plus d'espérance, et qui boivent à la sortie de l'usine pour substituer la chaude somnolence de l'alcool à la morne somnolence du travail machinal; ils ne se réveillent jamais; *la forme* est au contraire l'extrême pointe de l'éveil. Il eut des larmes dans les yeux.

Morel en comprit aussitôt la raison. · Le brusque ravisement* de Busard, réclamant une fine, avait déclenché en lui la même association d'idées. Il fut tout près d'avoir lui aussi les larmes aux yeux. Il n'est pas foncièrement mauvais. Il chercha dans son portefeuille. Il n'avait que 5000 francs sur lui.

– Tiens, dit-il, comme cela, je ne te dois plus que 25 000 . . . Je te les rendrai 5000 par mois . . . Parole d'homme . . . Ça te fera quelques jours de moins à rester à la machine.

– Merci, dit froidement Busard.

– Enfin, dit Paul Morel, peux-tu me dire pourquoi tu as absolument besoin de ces 325 000 francs?

– Je veux, dit farouchement Busard, vivre aujourd'hui!

4

Busard relaya le Bressan, puis rentra souper chez lui. C'était jeudi, et à neuf heures, comme d'habitude, il alla frapper chez Marie-Jeanne. Portes et fenêtres closes. Pas de lumière, personne ne répondit.

Il attendit une demi-heure, appuyé sur son vélo, sur le bord de la route de Saint-Claude. Mme Lemercier revint de chez des voisins. Elle ne savait pas où était sa fille. Elle ne l'avait pas vue depuis le matin.

– Vous ne voulez pas l'attendre à la maison?

Il préférait se promener. La mère l'examinait.

– Alors vous vous êtes mis aux presses?

– Il fallait bien . . .

Le regard pesait sur lui. Il s'avisa qu'elle a l'œil vif, qui reflète des réflexions. Il n'avait jamais prêté attention à elle: c'était la mère de Marie-Jeanne et une femme qui n'avait plus de forme, une abstraction. Il pensa, pour la première fois, que Marie-Jeanne faisait des confidences à sa mère, qu'elles se concertaient, qu'il n'y a pas que l'amour des hommes dans la vie des femmes.

– Alors, dit-elle, vous pensez comme ça que vous serez plus heureux sur le bord de la grande route?

– Ici, dit-il, ce n'est pas une existence . . .

Il montra les baraquements, l'ancienne briqueterie, le marécage.

– Il ne suffit pas de changer de place, dit-elle.

– C'est Marie-Jeanne qui l'a voulu.

– Elle n'a jamais bien su ce qu'elle voulait.

Il n'avait jamais imaginé qu'on pût dire cela de Marie-Jeanne. Il protesta vivement.

– Quand elle a quelque chose dans la tête . . .

– Elle a surtout appris à savoir ce qu'elle ne voulait pas, dit la mère . . .

Elle eut un sourire moqueur.

– Vous n'entrez pas?

– Non, dit Busard. Merci. Vraiment non. Je repasserai tout à l'heure.

Il enjamba son vélo et descendit jusque chez lui. Marie-Jeanne venait d'y déposer une lettre:

Mon cher Bernard, je viens de voir Chatelard. Qu'est-ce que tu as été lui raconter? Ce n'est pas bien de ta part. Tu as assez voulu, mais moi je n'ai jamais voulu, tu devrais te le rappeler. Je sais ce que tu vas dire, puisque Chatelard m'a tout expliqué. Mais il n'y a pas d'excuse. Quand on ment là-dessus, on ment sur tout et tu me mentiras aussi.

Je préfère que tu ne viennes plus me voir. Je sais que je te fais de la peine, mais ça te fera moins de mal maintenant que plus tard.

Tu prendras la gérance du snack-bar avec une autre, ou tu ne la prendras pas du tout, ce qui t'évitera bien des ennuis.

*J'y ai bien réfléchi, je ne t'aime pas. Il vaut mieux le dire tout net. J'avais déjà réfléchi avant que Chatelard ne me parle et j'étais arrivée à la même conclusion, seulement je n'osais pas te l'avouer. Je t'aime bien, * mais je ne t'aime pas, voilà la vérité.*

D'ailleurs je ne t'ai jamais dit que je t'aime. Tu m'as pourtant souvent demandé de te le dire. En ce qui concerne notre mariage, tu as tellement insisté et tu as fait tant de choses que j'ai fini par accepter. Mais maintenant c'est fini. Ça vaut mieux pour tous les deux.

*Je sais que tu vas penser du mal de moi. Je préfère cela
plutôt que tu sois ensuite malheureux.*

*Moi, je t'aimerai toujours bien. Mais pour le moment, c'est
plus raisonnable qu'on ne se voie plus.*

Marie-Jeanne.

Busard mit la lettre dans sa poche.

– Le ménage ne va déjà plus? lui demanda sa sœur Hélène.

– Elle t'a dit quelque chose?

– Oh! elle, on ne sait jamais ce qu'elle pense. Mais toi, tu as
tout l'air d'avoir perdu l'étape contre la montre.

C'était son habitude d'employer tout de travers des termes
de cyclisme, quand elle plaisantait son frère.

– Marie-Jeanne est fatiguée, dit Busard. C'est tout. Je vais
faire un tour avant de rentrer à la boîte. N'oublie pas de me
laisser quelque chose à manger, pour quand je rentrerai, à
quatre heures du matin . . .

Il reprit son vélo et monta jusque chez moi, dans la
montagne. Je l'avais revu deux fois après le Circuit. Le lundi à
la clinique et nous avions commencé de faire amitié. La veille
chez Jambe d'Argent, où il m'avait longuement raconté son
projet et tous les obstacles déjà surmontés.

Il arriva après dix heures, tout en sueur. Il me tendit
silencieusement la lettre. Je la lus et la passai à Cordélia.

– Aucune importance, dis-je à Busard. Fais semblant de
rien. Et demain, elle te dira tout le contraire.

– Vous ne la connaissez pas!

– Ne prends jamais pour argent comptant les paroles d'une
femme avec qui tu as une affaire d'amour.

– Ne l'écoutez pas, dit Cordélia. D'abord, c'est un fat.
Ensuite, il ne pense pas ce qu'il dit.

– Si tu tiens vraiment à cette fille, dis-je à Busard, fais
comme je te dis. Ne réponds pas à sa lettre. Ne va pas la voir.
Et avant huit jours c'est elle qui viendra te chercher.

– Ne le croyez pas, dit Cordélia. Il va bientôt vous dire
qu'il a une recette pour faire *ramper* les femmes. Mais ce n'est
pas vrai. Il n'y croit pas lui-même. C'est seulement un fat.

Nous disputâmes un moment ces divers points. Busard nous regardait silencieusement.

– C'est bientôt l'heure que je rentre à la boîte . . . dit-il. Si toutefois c'est encore utile que je gagne ces 325 000 francs . . .

– Ce qu'il attend, dit Cordélia, c'est que nous fassions quelque chose pour le réconcilier avec Marie-Jeanne.

Elle lui demanda ce qu'il avait raconté à Chatelard, qui pût tellement irriter la jeune femme.

Il raconta la discussion.

– Des enfantillages, dit Cordélia.

Je fus agacé qu'il eût floué le vieux délégué, dont j'avais souvent eu l'occasion d' apprécier l'intelligence claire et la fermeté d'âme.

– Tu n'es pas un homme, dis-je. Tu te laisses mener par le bout du nez par une petite garce.

Cordélia réagit vivement. Nous discutâmes la question.

– J'ai promis de relever le Bressan à minuit, dit Busard.

– Ecoute-moi, dit Cordélia. Tu vas rentrer à l'usine, comme si rien ne s'était passé . . .

– C'est ce que je lui disais . . .

– . . . Parce que tu as pris un engagement avec ton copain, qui t'attend. Maintenant que tu t'es lancé dans cette affaire, tu ne peux pas y renoncer à cause d'une lettre écrite dans un moment de colère.

» . . . Demain, j'irai voir Marie-Jeanne et aussi Chatelard. On mettra tout ça au point. Ne t'inquiète pas . . .

– Vous croyez vraiment qu'elle ne m'aime pas? demanda Busard.

– Je crois qu'elle est vexée.

– Mais c'est vrai, insista Busard, c'est vrai qu'elle ne m'a jamais dit qu'elle m'aimait.

– Elle a de la pudeur, dit Cordélia.

– Oui, dit Busard.

Quand il fut parti:

– Tu es en contradiction avec toi-même, dis-je à Cordélia. Tu m'as expliqué, il n'y a pas si longtemps, que Marie-Jeanne n'avait pas le «tour d'esprit à l'amour» . . .

– D'abord, je n'ai pas dit cela. Ensuite, dans la réalité la question se pose autrement . . .

– Toute cette affaire est absurde. Marie-Jeanne est sèche: comment peut-on aimer une femme qui pince les lèvres comme elle fait? Busard est un maladroit de l'avoir poursuivie pendant dix-huit mois, sans l'obtenir. Il me plaisait, tant qu'il voulait gagner le Tour de France. Maintenant qu'il fait des bassesses pour devenir boutiquier, il me dégoûte.

– Il faut voir cela avec leurs yeux.

– Si j'étais Busard, comme je préférerais la grosse Juliette à cette petite bourgeoise de Marie-Jeanne.

– On le sait, on le sait.

Le lendemain matin, Cordélia se rendit, comme elle l'avait promis à Busard, chez son amie. Tout occupée à réfléchir à ce qu'elle allait lui dire, elle entra à l'improviste.

Marie-Jeanne se tenait dans un coin de la pièce, debout derrière sa chaise de travail, les mains posées sur le haut dossier, les joues enflammées.

Un homme était assis devant la table. Comme il tournait le dos à la porte, Cordélia ne vit d'abord que son crâne, une plaque chauve bordée de courtes boucles de cheveux blonds, et la nuque épaisse en bourrelet au-dessus d'un veston de tweed.

L'homme ferma vivement un carnet posé devant lui et le porta à la poche extérieure de son veston. Il dut pousser pour le faire rentrer. Le carnet était volumineux et bourré de papiers effrangés; la couverture de cuir fauve, ridée, éclatée par endroits, marquée aux coins. L'homme se leva. Il portait des pantalons de golf et des brodequins de chasse. Un entrepreneur, pensa Cordélia.

Il passa devant elle, sans la saluer, la tête enfoncée entre les épaules, les yeux baissés. Cordélia, à voir sa nuque, son vêtement, ses brodequins, s'était attendue à lui trouver l'air autrement assuré. Les gens du bâtiment se carrent solidement sur le sol. Il grommela quelque chose qu'elle ne comprit pas et sortit.

En passant devant la fenêtre, il secoua bizarrement la main.

– Sans adieu, cria-t-il.

Marie-Jeanne se précipita et ferma la fenêtre. L'homme s'en alla d'un pas lourd. Sa démarche reprenait de l'assurance à mesure qu'il s'éloignait.

– Qu'est-ce que c'est? demanda Cordélia. Qui est-ce?

– Un dégoûtant, dit Marie-Jeanne.

Ses yeux brillaient.

– Je lui ai dit ses quatre vérités. Mais il reviendra . . .

Elle parlait avec une sorte d'exaltation. Elle répéta:

– Ils reviennent toujours.

Ce n'était pas la première fois qu'elle parlait à Cordélia d'un certain genre d'hommes qui la poursuivaient.

– Des hommes mariés, avait-elle une fois dit, des vieux . . .

Elle n'avait jamais prononcé de nom. Le plus souvent, elle parlait collectivement; elle disait «eux», «ils» . . . et d'elle-même, dans ses rapports avec «eux», «on», «vous», comme si elle n'était pas Marie-Jeanne, mais la femme en général:

– On leur dit: «Vous me dégoûtez». Ils ne se vexent pas, ils sortent leur portefeuille, ils demandent: «Combien veux-tu?» On les chasse, ils vous sautent dessus, ils vous frottent le sale poil de leur museau contre le nez. Il faut taper dessus pour les faire sortir . . .

Nous nous étions demandé, Cordélia et moi, si Marie-Jeanne ne parlait pas de périls imaginaires. J'avais même conseillé:

– Laisse tomber. Même à des ouvrières il arrive d'être névrosées. Le cœur pur que tu crois avoir découvert n'existera qu'en 2050. Au demeurant, le travail à domicile n'est pas sain. Si Marie-Jeanne allait à l'usine, comme les autres filles de Bionnas, les moqueries de ses camarades auraient dissipé depuis longtemps les soupirants fantômes. Elle aurait couché avec Busard; cela éclaircit le sang et dissipe les humeurs . . .

Mais ce matin de mai, Cordélia venait de surprendre chez son amie un des poursuivants.

– Qui est-ce? insista-t-elle.

– Mon propriétaire, Jules Morel, le patron de Plastoform.

– Qu'est-ce que tu lui as fait? Il paraissait *knock-down.* *

– Je lui en ai dit de terribles!

– Qu'est-ce qu'il écrivait sur son carnet?

– L'addition des loyers que je lui dois.

– Pourquoi ne paies-tu pas ton loyer? Tu m'as dit que ta mère et toi vous n'êtes pas dans la gêne.

– C'est lui qui ne veut pas que je le paie.

– Il n'est vraiment rien pour toi?

– Chaque fois qu'il a voulu m'approcher, j'ai tapé dessus.

– Il faut payer ton loyer, dit Cordélia.

– Je ne peux pas, il refuse mon argent.

– Envoie-lui un mandat.

– Et la quittance?

– Tu sais bien que le talon du mandat fait reçu,* dit Cordélia avec indignation.

– Il ne m'embête pas assez comme cela?

La voix de Marie-Jeanne monta.

– Et tu voudrais encore que je lui donne de l'argent?

Cordélia me raconta tout cela.

Elle ajouta:

– Je n'ai pas du tout aimé Marie-Jeanne dans ce moment-là. Son visage avait une expression toute nouvelle . . .

– Précise, demandai-je.

– Comme ces mères qui se congestionnent en fouettant leur enfant.

– Jules Morel avait l'air d'un enfant battu?

– Non, dit Cordélia. Ma comparaison est mauvaise. Une fois franchi le seuil, quand il passa devant la fenêtre et cria: «Sans adieu», l'homme me parut venimeux . . .

Elle réfléchit.

– J'y suis, dit-elle. Je t'ai vu une fois la même expression qu'à Marie-Jeanne tout à l'heure. A la Grange aux Vents, nous marchions dans un pré, en bordure d'un bois, un serpent s'est dressé devant toi, en sifflant. Tu te rappelles?

– Oui. J'ai fait un saut en arrière et j'ai poussé un cri.

– Tu as abattu le serpent d'un coup de ta canne ferrée. Tu lui as cassé je ne sais quoi, l'épine dorsale peut-être, mais les serpents ont-ils une épine dorsale? Enfin, il ne pouvait plus ni fuir, ni attaquer. Il était soulevé par de grands soubresauts, mais il retombait toujours au même endroit; on dit: les soubresauts de l'agonie . . . Mais tu as continué de le frapper à grands coups de canne. Puis tu as décrit des cercles autour de lui, sans t'approcher, en lançant des pierres, jusqu'à ce qu'il fût sectionné en un grand nombre de tronçons. Alors tu as écrasé la tête avec le talon . . . Tu suais, c'était à croire que tu avais peur de ces petits morceaux de serpent qui continuaient de se tortiller, chacun pour son compte . . . Tu ne m'as pas plu du tout ce jour-là.

– Marie-Jeane se défend, dis-je.

– Elle y prend trop de plaisir.

– J'ai compris, m'écriai-je. Marie-Jeanne torture ses poursuivants, comme le boy le colon.

Cordélia protesta violemment.

– Jusqu'à nouvel ordre, c'est le colon qui bat le boy.

– C'est pourquoi, quand les circonstances permettent au boy de frapper à son tour le colon, il perd tout contrôle. Il a trop d'humiliations à venger. Il danse autour de l'agonisant, comme moi autour du serpent.

– Tu n'as jamais été humilié par un serpent.

– J'ai certainement été humilié par un serpent, quoique j'aie oublié à quelle occasion. Ou simplement humilié d'avoir eu peur de lui. Surtout si le cadavre est une ridicule petite chose, comme ce serpent. Ou si l'on s'aperçoit que l'ennemi était beaucoup moins fort qu'on ne l'avait cru et qu'on s'est longtemps laissé mystifier par des rodomontades.

– Les poursuivants de Marie-Jeanne sont bien vivants!

– Elle a le jeu maître,* parce qu'ils sont demandeurs. Le rapport se renverserait dans l'instant même où leur désir éveillerait un écho chez elle.

»Fondamentalement, ce sont eux qui sont les plus forts, parce qu'ils sont des hommes. C'est pourquoi le comportement de Marie-Jeanne avec ses soupirants te met mal à l'aise; le rapport du maître et de l'esclave est toujours louche. Ils ne peuvent vivre côte à côte qu'au prix de toutes sortes de compromis et finalement ils se complaisent dans ces compromis. Tu devrais lire les pages que Hegel* a écrites làdessus . . . Il arrive que le boy aime être battu. C'est vrai aussi des animaux domestiques; j'ai connu un couple horrible, un homme et son chien que la trique excitait autant que l'odeur d'une femelle. Il arrive aussi que le maître prenne plaisir à être humilié par le boy. Mais le plus fréquent, c'est qu'ils s'aiment et se haïssent, réciproquement et simultanément; chaque geste de leur vie commune prend ainsi un tour ambigu. La honte a beaucoup plus de masques que la statue de la tragédie. Ce sont des masques de chair.

– Marie-Jeanne n'est pas l'esclave de ses poursuivants.

– Jusqu'à présent et dans ces pays-ci, toute femme est un nègre.

– Il y a d'honnêtes femmes.

– Ce sont les *bons nègres*.

– Je suis pour la révolte des *bons nègres*, dit Cordélia.

– Un bon sujet pour le théâtre, dis-je: le colon qui s'aperçoit, dans le moment même où éclate la rébellion, qu'il n'y a plus de *bons nègres*.

– J'espère que ce seront les plus féroces, dit Cordélia.

– Pour que la pièce soit bonne, dis-je, il faudrait que le colon comprenne pourquoi ce sont nécessairement les *bons nègres* qui deviennent les plus féroces . . .

Nous connaissons une fille de colons. Elle a fait ses études secondaires dans une petite ville du Vietnam où habitaient sa mère et son beau-père. Au collège, elle s'était particulièrement liée avec un jeune Vietnamien, N'Guyen,* qu'elle savait en relation avec le Vietminh.* Elle était tout à fait d'accord avec lui sur la nécessité de lutter pour la libération des peuples coloniaux. Ensemble, ils lisaient aussi des poètes. Baudelaire, Rimbaud, Desnos, Prévert.* Une nuit, la

rébellion gagna la petite ville. Le matin, elle découvrit son
beau-père lié sur une chaise du bureau, et toute la maison
sens dessus dessous. Elle haïssait son beau-père et ne prit pas
l'affaire au tragique. On entendait des rafales de mitraillettes
dans les rues; elle a du cœur et elle ne trembla pas. C'était
N'Guyen qui commandait les insurgés qui avaient pénétré
chez elle. Elle alla vers lui:

– Vous en faites un chahut . . .

Il la regarda. Elle était en tenue de tennis, la raquette sous
le bras, les cheveux au vent.

Elle riait, l'air crâne.

– Rentre dans ta chambre, dit-il rudement.

– En voilà des manières . . .

Un coup de feu claqua, tout proche.

– Quel potin! . . .

Il lui cracha au visage.

La fille du colon est rentrée en France. Elle travaille, pour
un salaire. Elle a beaucoup réfléchi. Elle n'en finit pas de
méditer sur ce crachat qui fut le début de son apprentissage
de la dialectique du maître et de l'esclave.* «J'ai compris,
dit-elle, que tous les Blancs sans distinction sont coupables à
l'égard des Vietnamiens . . .»

– Tout homme, dis-je à Cordélia, est coupable à l'égard
de toutes les femmes.

– Tu m'ennuies, dit-elle. Comment allons-nous faire pour
réconcilier Marie-Jeanne et Busard?

– Tu n'y as donc pas réussi tout à l'heure?

– Après ce qu'elle m'a raconté du vieux Morel, je ne me
suis pas senti *en forme* (comme diraient tes amis les coureurs)
pour parler de Busard.

– Es-tu sûre que Marie-Jeanne a toujours été aussi
sévère avec le vieux Morel?

– Absolument sûre, dit violemment Cordélia. N'as-tu
donc pas regardé sa chambre? Elle dort dans le lit vermoulu
qu'elle a hérité de sa grand-mère. Ni frigidaire, ni machine
électrique,* ni machine à laver. *Un poste* de radio de quatre
sous. Il n'y a pas chez elle un seul objet de *valeur*, comme

disent les petits bourgeois. Et elle s'habille elle-même, avec des coupons, qu'elle fait tailler par une voisine qui a appris la coupe.

– Voilà qui est sans réplique.

Cordélia et moi, nous avons l'habitude de faire l'épreuve de l'intégrité des syndicalistes, des hommes d'affaires, des politiciens et des jeunes femmes, en confrontant, aussi impitoyablement qu'un contrôleur des contributions, leur train de vie et leurs gains avoués.

Busard prit son quatrième poste, le vendredi matin, à huit heures, le Bressan à midi.

Après le déjeuner, Busard fit confidence de son malheur à sa sœur, et lui fit lire la lettre de Marie-Jeanne. A six heures, Hélène Busard alla attendre la mère de Marie-Jeanne à la sortie de l'atelier et eut un entretien avec elle. Cordélia cependant allait sonder le délégué Chatelard, qui était de nos amis, puis se rendait chez Mme Lemercier, et de nouveau auprès de Marie-Jeanne.

Dans la matinée du samedi, plus de dix personnes, y compris la mère, travaillèrent à la réconciliation.

Hélène Busard pourtant avait été hostile aux fiançailles de son frère avec Marie-Jeanne, «une mijaurée». La mère tenait pour assuré que «le commerce c'est l'esclavage . . . Toi qui aimes tant le cinéma et le bal, plus de samedi ni de dimanche.» Et le lecteur se rappelle avec quelle chaleur, huit jours plus tôt, Cordélia avait défendu le droit de son amie à la liberté. Maintenant, elles s'entêtaient toutes à les marier. Chatelard lui-même vint à la rescousse, se faisant scrupule d'avoir été à l'origine de la brouille: «J'ai peut-être été un peu dur avec le petit. Il faut être humain.»

Tel est le ton de l'époque. Les affaires du cœur n'ont plus de rapport avec la grandeur d'âme, comme dans Corneille. Le «courrier du cœur» a remplacé le code de l'honneur. On ne s'émeut pas du goût des jeunes gens pour l'héroïsme, on s'attendrit sur leurs bégaiements. Le jour même où l'on entasse les fusillés, hommes, femmes et enfants, dans les fosses communes, même les magazines qui s'indignent des fusillades, publient sur leur couverture des photos de nourrissons. Cette société retombe en enfance. C'est la règle à la veille des grandes révolutions. Saint-Just et Robespierre* eux aussi commencèrent par écrire des fadaises.

Le samedi à midi, Cordélia me fit le récit des assauts qu'avait subis notre amie. On lui avait dit et répété: «Tu ne peux briser le cœur de ce garçon. Voilà dix-huit mois que vous vous fréquentez: quand tu as dit oui, tu savais ce que tu faisais. On ne rompt pas un mariage pour une vétille, etc.» Marie-Jeanne n'avait pas répondu aux arguments. Elle s'était bornée à secouer la tête, en disant «non».

– Pourquoi? lui demandait-on.

– J'ai réfléchi.

Au début de l'après-midi de ce même samedi de la semaine où Busard commença de travailler à la presse à injecter, descendant à Bionnas, je passai devant la Cité Morel, et vis Marie-Jeanne seule, dans l'encadrement de la fenêtre, un ouvrage dans les mains. J'entrai.

– Vous aussi! s'écria-t-elle.

– Non, non. Je déteste les snack-bars . . .

Elle leva les yeux vers moi. Des yeux du bleu qu'on dit d'émail, qui accrochent la lumière et qui la renvoient, mais qui n'ont ni profondeur, ni vivacité.

– Passer sa vie à faire cuire des hot-dogs, continuai-je. Aux heures creuses, vous serez même obligée de faire la conversation avec les clients.* «Moi je préfère la Simca.»* «Moi j'en tiens toujours pour la traction» . . .*

Tout en médisant des snack-bars, je pensais à des yeux que j'aimais ou que j'avais aimés. Des yeux marron, brillants, mobiles, le regard qu'à l'étranger on dit français qui perce, qui décompose la lumière et les êtres, et voilà tous les éléments étalés devant lui; on ne peut rien lui cacher. L'œil noir des Juives d'Orient, un noir humide, on nage à minuit dans une mer lourde, on a envie de plonger la tête dans les cheveux, sous les aisselles, des yeux qui ont une odeur de chevelure mouillée. J'ai aussi aimé à la passion des yeux dont je ne pouvais jamais me rappeler la couleur, parce que c'était leur substance que les faisait incomparables; il fallait des images bibliques pour les décrire; ils aveuglaient comme l'épée de l'ange qui interdit l'entrée du paradis.

Mais les yeux du bleu qu'on dit d'émail? C'était comme si Marie-Jeanne avait posé de petites cuirasses sur ses prunelles. Les yeux de Marie-Jeanne: une aile de coléoptère dans chaque orbite, un coléoptère lisse, net, brillant, poli, un coléoptère de joaillerie, soigneusement poncé.

Je continuai de médire des snack-bars. Je la regardais.

C'est tout le visage de Marie-Jeanne, qui est toujours exactement poncé.* Son front bombé, lustré comme les rondes-bosses* des vieilles argenteries. Les cheveux aux plis réguliers, comme s'ils étaient ondulés par un vent domestiqué, perpétuellement semblable à lui-même. Le bas du visage poupin, sans grande signification, mais toujours frais comme un fruit qui vient d'être pelé. A quoi répondent les bas à mailles fines, exactement tirés, les chemisiers impeccables, légèrement empesés, les jupes ajustées. Marie-Jeanne a une singulière unité de style. Mais rien de tout ce que j'examinais ne suffit à créer l'obsession du plaisir et ne m'expliquait l'obstination de ses poursuivants.

– Alors, demande-t-elle, vous pensez que j'ai raison d'avoir rompu avec Busard?

– Je ne pense rien, m'écriai-je . . . A vrai dire j'aime beaucoup Busard et je préférerais que vous ne le fassiez pas souffrir.

– Il souffre vraiment?

– Je n'en sais rien. Je ne comprends rien à l'amour . . .

Elle rit. Un rire plaisant,* parce qu'elle a de jolies dents. Mais pas un de ces rires éclatants, explosion de vie, qui me donnent envie de vivre encore mille ans.

Je lui dis n'importe quoi sur l'amour, et continuai de l'examiner.

Elle a les cuisses longues, mais pas de cette longueur à chaque pas émouvante comme le premier tour de bielle d'une locomotive de grand parcours. Il y a des cuisses qui se meuvent dans le creux de la poitrine des hommes. Il y a des cuisses dont la marche est majestueuse et angoissante comme le premier jour d'une guerre. Marie-Jeanne, grande, mince, a d'heureuses proportions, rien de plus.

Toutefois le contraste entre la popeline légèrement enpesée du chemisier et la batiste délicate des *dessous* qui apparaissaient dans l'échancrure, attira mon attention. Une batiste blanche, ni molle, ni cassante, *du vrai linge*, comme en portaient les jeunes filles des pensionnats, ourlé d'un point très serré et brodé de jours en couronne.

Marie-Jeanne se tenait légèrement penchée sur son ouvrage. Le souffle faisait gonfler le sein et la batiste découvrait à chaque pulsation une peau blanche, très fine, imperceptiblement veinée de mauve. Une intimité bouleversante comme une naissance ou comme une mort. Mon œil remonta vers les épaules, qui sont marquées d'un léger creux; je pensai: «Comme elle a l'épaule délicate!»

Je commençais de comprendre pourquoi les poursuivants rôdent autour de sa demeure. Les hommes d'âge mûr et les vieillards sont fascinés par les jeunes femmes pleines de retenue, les corps fragiles sous les vêtements stricts, les peaux très blanches dans les linges sans taches qu'exigent la chirurgie et l'amour, les épaules délicates, la saignée du coude et la saignée du genou quand la pondération du geste les dérobe perpétuellement à la vue.

Mais les jeunes gens et les hommes pour qui l'amour n'est pas l'objet d'un souci constant réagissent plus communément aux corps hâlés par le soleil ou dorés par les lumières des établissements de nuit.*

Par suite de quelles circonstances Busard était-il devenu sensible au charme difficile de Marie-Jeanne?

Busard, pensai-je, aime le luxe. Comme tous les garçons, il désire une voiture, mais il n'a jamais rêvé d'une quatre chevaux,* il veut une Cadillac. Il avait juré d'être champion; il a le goût des exploits. Il a choisi Marie-Jeanne, parce que de toutes les femmes qu'il connaît, elle est la plus précieuse; ensuite le mécanisme de la passion a joué; elle lui a donné de l'espoir, elle a dit non, elle a dit oui, elle s'est reprise; le voilà enchaîné. J'imaginai que le désir tenait peu de place dans sa prédilection; les héros ne sont pas nécessairement des voluptueux.

– Les jeux sont faits,* dis-je à Marie-Jeanne. L'amour des autres lie bien davantage que le sien propre. Bon gré mal gré, vous serez la femme de Busard.

– Vous le pensez?

– Il n'est plus seul, dis-je. Toute la ville se mêle de vous rappeler vos serments.

– Je n'ai jamais fait de serments!

– Les serments qu'on vous prête . . . Toute la ville vous aime d'avoir provoqué Bernard à travailler pour vous cent quatre-vingt-sept jours et cent quatre-vingt-sept nuits consécutives.

Elle serra son ouvrage contre elle. Elle se recula contre le haut dossier de sa chaise de travail.

– Qu'est-ce qu'ils me veulent donc?* demanda-t-elle.

Elle s'était repliée sur elle-même, l'air agressif.

J'avais vu la même expression, dans une maternité, sur le visage d'une jeune femme qui venait d'accoucher après beaucoup de souffrances. Son mari arriva et esquissa un geste de tendresse. Elle se recula contre le mur où était accoté son lit et jeta sur l'homme un regard de rancune. «Jamais plus», gronda-t-elle.

– Pourquoi ne me laisse-t-on pas tranquille? demanda encore Marie-Jeanne.

Arriva sa marraine, contremaîtresse de l'atelier où travaille sa mère. Elle se leva pour l'accueillir; elle a de l'éducation.

– Vous prendrez bien une cerise?

Je sortis.

En passant devant la fenêtre, j'entendis la marraine demander:

– Alors, ma petite Marie-Jeanne, qu'est-ce qu'on me raconte?...

Le dimanche soir, on vit Marie-Jeanne au bal avec Busard. Il partit à minuit moins cinq pour prendre la relève du Bressan. Elle partit en même temps que lui. On n'aurait pas compris qu'elle restât danser pendant que son fiancé accomplissait des prouesses pour *assurer leur avenir*.

5

Afin de permettre au Bressan de courir pour la fête patronale* de son village, Busard accepta de travailler, le premier dimanche de septembre, de huit heures du matin à dix heures du soir. Le paysan n'avait pas encore vendu son vélo; la chose était donc possible et lui vaudrait la gloire cantonale* à quoi il tenait le plus après l'argent. Il ne croyait pas s'être *rouillé*.

La conversation qu'ils eurent à ce sujet, quinze jours plus tôt, fut la première depuis qu'ils travaillaient en équipe. Ils ne se saluaient même pas au moment de la relève, se donnant juste des indications concernant le travail.

– Il y a des saloperies dans le mélange aujourd'hui. Je n'en finis pas d'ôter des tétons. J'ai réclamé. Fais du foin!

Aussitôt sorti de l'atelier, le Bressan rentrait chez les parents de Busard qui lui faisaient pension pour cinq cents francs par jour, comme il avait été convenu. Il cassait la croûte sans dire un mot, puis se retirait dans sa chambre, qui était aussi celle de Busard. Même machine, même lit, les deux garçons eussent été dans la plus grande intimité du monde, si jamais ils avaient eu l'occasion de se rencontrer.

Avant de s'étendre sur le lit, le Bressan ne manquait jamais d'examiner quelque détail de la place de la Concorde en corne, chef-d'œuvre du père Busard, posée sur la table du fils. Elle avait été sculptée au tour et à la fraiseuse, d'après une carte postale. Tout y était, même les chaînes autour de l'obélisque, les voitures et les autobus dans le sens giratoire, les feux rouge, jaune et vert, qu'on pouvait allumer tour à tour, en appuyant sur un bouton, également en corne, et le sergent de ville de service au coin de la rue Royale.

– Ça n'a pas de prix, avait expliqué Mme Busard. Mais pour rien au monde le père n'accepterait de le vendre. Il a travaillé dessus tous les soirs pendant trois ans, juste après notre mariage.

Hélène, la sœur de Busard, travailleuse au tour* dans l'atelier paternel, clignait de l'œil vers le Bressan, chaque fois qu'il était question du chef-d'œuvre. Le garçon se demandait pourquoi, ne comprenant pas l'ironie; il admirait énormément cette place de la Concorde. Hélène est contre l'artisanat. A peine passé son certificat d'études,* elle avait commencé d'affirmer, chiffres en main, que le travail à façon rapporte mieux que les plus savantes sculptures sur corne. On la faisait taire, «tu n'es qu'une enfant».

Mais après que la presse à injection se fut généralisée, il avait fallu spécialiser dans le polissage des montures de lunettes pour le compte des industriels de la matière plastique, l'atelier familial où travaillaient de concert le père, la mère et la fille.

Pendant la morte-saison, le père sculptait dans la corne des edelweiss* et des chamois pour les marchands de souvenirs de Chamonix,* simple appoint.

Le Bressan découvrait chaque jour quelque nouveau détail de la place de la Concorde, par exemple une gerbe de fleurs sur les genoux de la ville de Strasbourg.*

Puis il s'étendait sur le lit et s'endormait aussitôt, le plus souvent tout habillé, pour être prêt à courir à l'atelier dès que l'un ou l'autre des Busard le réveillerait. Il ne buvait plus, ne fumait plus. Sauf la pension, il mettait la totalité de ses paies dans une enveloppe, qu'il cachait sous le linge, dans le tiroir de l'armoire qui avait été mis à sa disposition, et dont il gardait toujours la clé sur lui; Hélène s'irritait chaque semaine, quand elle apportait le linge lavé et repassé, de trouver le tiroir fermé: «Est-ce qu'il croit que nous voulons lui prendre son argent? Ces péquenots ne savent pas vivre.» Le Bressan avait une grand capacité de sommeil. Il dormit plus de dix heures par jour pendant toute cette période.

Busard, par contre, dormit très peu. Ses heures de pause étaient midi-quatre heures, huit heures-minuit, quatre heures du matin-huit heures.

A midi, il déjeunait avec ses parents. Le repas s'achevait rarement sans discussion avec le père qui n'admettait pas qu'on travaillât vingt-quatre heures sur vingt-quatre pour fabriquer des corbillards-carrosses. L'humanité avait-elle un si pressant besoin de corbillards-carrosses? Il parlait volontiers de l'humanité. Il s'était naguère violemment élevé contre la vocation cycliste de son fils; les sports détournent la jeunesse des problèmes vraiment importants, par exemple la défense de la laïcité.* Lui, à vingt ans, il se battait déjà pour les lois républicaines.* Pourquoi Busard avait-il toujours refusé de travailler dans l'atelier familial? L'artisan est indépendant.

– Si j'ai envie de pêcher à la ligne, je prends ma canne à pêche, sans demander rien à personne.

– Ça veut dire que tu laisses maman et Hélène faire ton travail.

Le ton montait rapidement. Le père Busard n'approuvait pas non plus le projet du snack-bar. Il disait comme Chatelard: «Tu te donnes bien du mal pour devenir larbin.»

Enervé par la discussion, Busard n'arrivait pas à s'endormir à l'heure de la sieste. Parfois il prenait son vélo et allait tourner sur le stade, seulement pour ne plus penser à rien.

La pause des huit heures-minuit était consacrée quatre jours sur sept à Marie-Jeanne, le mardi et le jeudi chez elle, comme par le passé, le samedi au cinéma et le dimanche au bal. Depuis la réconciliation à laquelle tant de personnes avaient collaboré, leurs fiançailles étaient officielles; toute la ville suivait l'accomplissement de la prouesse entreprise pour gagner la caution de la gérance du snack-bar; on se demandait: tiendra, tiendra pas? on faisait des paris. Il n'est pas rare que des ouvriers aux presses travaillent onze heures par jour, mais pour une courte période. Les six-fois-quatre* pendant plus d'une demi-année frappaient les imaginations.

Leurs mardis et leurs jeudis, Busard parlait beaucoup. Il n'en finissait plus de supputer les bénéfices du snack-bar, de calculer l'âge où ils deviendront propriétaires, celui où ils feront construire un second établissement dont ils confieront la gérance à qui donc? Il s'imagina même à la tête de toute une chaîne de snack-bars, de Paris jusqu'à Nice, chacun portant un numéro qui correspondra au kilométrage depuis Paris. Aux environs de Lyon, le snack-bar sera exactement à mi-chemin entre les deux villes, si bien que le chiffre aura la même signification pour les voyageurs venant de Nice que pour ceux venant de Paris; ce sera curieux. Au demeurant les numéros de leurs snack-bars ne seront jamais dépourvus de sens; pour les uns, ils signifieront: j'ai déjà fait tant de kilomètres; pour les autres: il me reste à faire tant de kilomètres; ce sera amusant. Il sera même possible de signaler chacun de leurs établissements par les deux chiffres; par exemple entre Auxerre et Avallon: snack-bar 190–743, ou même simplement les deux chiffres, sans l'indication snack-bar, en tubes au néon, rouges pour la distance depuis Paris, bleus pour la distance depuis Nice; ce sera original.

Marie-Jeanne écoutait distraitement, en brodant ses jours. Elle ne relevait pas les incongruités. Elle savait qu'il ne faisait que répéter les ratiocinations qui lui permettaient de surmonter l'ennui du service à la presse à injecter. Toutes les femmes de Bionnas connaissent ce délire rationnel, caractéristique de l'état intermédiaire entre la veille et le sommeil provoqué par le travail prolongé aux presses. Elle avait envie de lui dire «tais-toi», et peut-être de le cajoler jusqu'à ce qu'il s'endorme complètement. Elle ne le faisait pas, respectant son amour-propre d'homme.

Quand ils s'étendaient sur le lit, à onze heures, selon leur tradition, il mettait moins de fougue dans ses attaques et elle moins de fermeté à le repousser. Fin août, elle lui céda. Elle pensa qu'il méritait bien cela. Il dut partir presque aussitôt, le Bressan, à l'atelier, attendant la relève.

Il ne dormait qu'après quatre heures du matin. Mais il était réveillé dès six heures par sa mère et sa sœur qui faisaient bruyamment le café et le ménage.

Il maigrit. Les creux à la base du nez firent apparaître davantage qu'il a les yeux exceptionnellement rapprochés, ce qui accentua son air buté, son regard de garçon prêt à faire un coup de tête.

Le premier dimanche de septembre fut très chaud. C'était la morte-saison et deux presses seulement fonctionnaient. Celle de Busard, parce que Paul Morel ne pouvait pas revenir sur la promesse faite et interrompre un exploit dont toute la ville suivait le déroulement. Une autre pour l'achèvement d'une commande de primes pour une marque de café; un lion, une girafe, un orang-outang, un renne de Laponie, un crocodile, un puma du Chili, étaient inscrits dans le moule, disposés radialement autour de la carotte, et injectés tout d'une pièce. L'ouvrier les séparait pendant que la charge suivante refroidissait. Toute une arche de Noé s'accumulait derrière lui.

Une nouvelle presse venait d'être introduite dans l'atelier, une machine entièrement automatique qui fabriquait, sans qu'on y mît la main, de jolis gobelets du même bleu que les yeux de Marie-Jeanne. Quand le ventre s'ouvrait, un peigne se déclenchait et poussait sur un plan incliné l'objet achevé, qui glissait dans une caisse. Il arrivait cependant que le conduit éjecteur fût obstrué par un téton; ce n'était pas de la faute de la machine, mais de la matière plastique dont le mélange n'est pas toujours homogène. Il arrivait aussi que la matière collât dans le moule. Un œil électronique décelait ces faux pas dans l'instant même, bloquait net tout le mécanisme de la presse et alertait le surveillant en déclenchant un bruiteur,* dont le son était analogue au signal *occupé* sur le téléphone. Le surveillant venait faire sauter le téton ou nettoyer le moule, et la presse se remettait toute seule en route.

Ce genre d'incidents étant rare, un seul surveillant aurait suffi pour une douzaine de machines; encore eût-il pu lire, ou rêver, ou même dormir, l'œil électronique veillant pour lui; voilà qui remplacera dans l'avenir le travail à la chaîne; les *Temps modernes** de Charlie Chaplin ne seront plus qu'un témoignage du Moyen Age de l'industrie.

Mais Plastoform n'avait encore qu'une seule machine entièrement automatique, ce qui ne justifiait pas le salaire d'un surveillant. Paul Morel l'avait confiée à l'équipe Busard-Bressan. Il donnait à chacun d'eux mille francs par mois pour le travail supplémentaire. Il avait trouvé gentil de collaborer ainsi à sa manière à l'exploit des deux garçons. A son père, il avait fait valoir que la maison* y gagnait aussi, puisqu'il aurait fallu donner mille francs à chacun des trois ouvriers des postes normaux.

Ce premier dimanche de septembre, les heures de l'après-midi furent particulièrement pénibles. Busard s'endormit deux fois, les mains sur la grille de sécurité. La première fois, il fut réveillé par l'ouvrier à l'arche de Noé, qui le siffla, de l'autre bout de l'atelier; la seconde fois, par le bruiteur de la presse automatique. Il avait tenu bon à la promesse qu'il s'était faite de ne jamais truquer le coupe-circuit de la grille et il s'en félicita.

A quatre heures, l'autre ouvrier partit. Busard lui demanda d'aller prévenir Marie-Jeanne qu'il n'irait pas la rejoindre au bal, comme il l'avait promis; il n'aspirait plus qu'à dormir. Il resta seul dans l'atelier.

Il avala deux pilules de maxiton.* L'usage des dopants à base d'amphétamine, d'abord pratiqué par les étudiants pendant les périodes d'examens, est devenu commun chez less ouvriers depuis le années 1948;* à Bionnas, on les utilise fréquemment pour vaincre la somnolence d'après la sixième ou septième heure du travail aux presses.

Paul Morel passa vers six heures.

– Alors, content? demanda-t-il en tapant sur l'épaule de Bernard.

– J'étais en train de me demander pourquoi tu n'équipes pas toutes tes machines d'un œil électronique et d'un peigne éjecteur.

Il leva la grille, détacha le carrosse.

– Dix ouvriers suffiraient à faire marcher toute l'usine, répondit Morel.

Busard baissa la grille, trancha la carotte.

– Tu y gagnerais, dit-il. Tu expliques toujours que c'est la main-d'œuvre et les charges sociales qui te ruinent.

– Qui ruinent mon père, dit Paul Morel.

– Qui ruinent ton père, répéta Busard.

Il sépara les carrosses, les jeta dans la caisse.

– Les neuf dixièmes des ouvriers seraient condamnés au chômage, dit Paul Morel.

– Forcément, dit Busard, mais je ne crois pas que ce soit ce qui vous arrête.

Il attendit que le voyant rouge s'allumât.

Le maxiton lui avait aiguisé l'esprit et il se posait des problèmes auxquels il n'avait pas l'habitude de réfléchir.

– Si vos concurrents automatisent entièrement leurs usines, poursuivit-il, ils rouleront à moins de frais que vous. Vous ne pourrez pas tenir . . . Tu m'as souvent dit que la concurrence t'interdisait la philanthropie . . .

– . . . L'interdit à mon père, interrompit Morel. Si ce n'était que moi, la maison s'en irait à vau-l'eau.

– Tu as tout de même bien dû faire le calcul, puisque moi, qui ne suis pas dans le coup, je viens de le faire. Si vos concurrents s'automatisent . . .

Il leva, détacha, baissa, trancha . . .

– Ton calcul est faux, dit vivement Morel.

»Une machine qui fonctionne vingt-quatre heures sur vingt-quatre doit être amortie en quatre ans.

»Si j'inscris d'un côté le salaire des ouvriers occupés à la semaine pendant ces quatre ans, et de l'autre côté le prix du dispositif d'automatisation auquel s'ajoutent le profit normal du capital supplémentaire ainsi immobilisé et le dixième du salaire précédent, à raison d'un surveillant par dix machines, je m'aperçois que c'est la presse entièrement automatique qui me fait le prix de revient le plus élevé. C'est un peu difficile à comprendre . . .

– Je crois que je comprends, dit Busard.

Il sépara, jeta, attendit . . .

Paul Morel désigna d'un mouvement du pouce la machine qui éjectait l'un après l'autre, avec un petit bruit mat, les gobelets du bleu qu'on dit d'émail.

– J'ai fait le calcul pour cette presse. Si j'inclus dans le prix de revient une part des frais généraux de l'usine proportionnelle au capital investi dans la machine, je m'aperçois que je perds dix centimes par gobelet.

– Pourquoi continues-tu d'en fabriquer?

– Pour faire plaisir aux clients.

– Je ne comprends plus.

– Mon père t'expliquerait mieux . . .

Busard leva la grille, détacha la carotte, sépara les deux carrosses, les jeta dans la caisse, attendit que le voyant rouge s'allumât.

Paul Morel lui tendit du feu, Busard tira une bouffée. Le voyant s'alluma; il leva la grille . . .

– Tu sais que Juliette est une garce, dit Paul Morel.

– Ce n'est pas nouveau.

– J'avais refusé de l'emmener aujourd'hui aux régates de Genève . . . sans raison, comme ça, par entêtement, parce que j'avais d'abord dit non . . . Elle a voulu se venger. Elle s'y est fait conduire par mon père.

Busard leva, détacha, baissa . . .

– Ça m'étonne, dit-il. Elle aime bien rigoler, mais elle ne chasse pas dans les vieux.*

– C'est bien ton impression?

Busard trancha, cassa, jeta . . .

– Ce n'est pas le genre de Juliette, dit-il.

– Pour moi, dit Paul Morel, elle fait marcher mon père.* Et moi, par la même occasion.* Mais elle ne lui donne pas ça . . .*

Il fit le geste de casser l'ongle de son pouce avec les dents.

Busard attendait que le voyant rouge s'allumât.

– Pour coucher avec ton père, dit-il, il faut être salope.

– Il y en a bien d'autres qui couchent avec, mais Juliette, il faudrait que je le voie pour le croire.

– Ce n'est pas possible qu'elle soit pute à ce point-là, dit Busard.

– Tout de même, dit Morel, tu as de la chance de ne pas t'être laissé accrocher par elle. Je n'ai jamais connu pareille garce.

– Pour être verni, je suis verni, dit Busard.

Le voyant rouge s'alluma.

– Bon courage, dit Morel, Tu es rudement verni.

Il s'en alla.

Busard leva, détacha, baissa, trancha, sépara, jeta, attendit.

La nuit tomba, qui amena un peu de fraîcheur. Busard alluma le tube bleuté de la lampe à fluorescence la plus proche de la machine. Tout le reste de l'atelier resta dans l'ombre. Les baies vitrées étaient ouvertes sur le parterre de bégonias que le clair de lune éclairait. De la ville parvenait le bruit lointain de l'orchestre d'un bal.

La petite presse entièrement automatique éjectait régulièrement ses gobelets: cliquetis du peigne qui se déclenche et soulève l'objet moulé, bruit mat du gobelet qui tombe dans la caisse. La grosse presse semi-automatique chuintait à l'injection de chaque carrosse rouge géranium.

Busard guettait le voyant rouge.

– Qu'est-ce que je fous là?* demanda-t-il à voix haute.

Il continuait de réfléchir, aidé par l'effet persistant des deux pastilles de maxiton et peut-être par la fatigue dominée. Il réfléchissait qu'il coûtait moins cher qu'un dispositif d'automatisation. D'un côté le peigne éjecteur et l'œil électronique, de l'autre côté Bernard Busard, son grand corps maigre, ses muscles de coureur, son cerveau, son amour pour Marie-Jeanne Lemercier; c'était Bernard Busard qui valait le moins.

Il valait un peu plus qu'un piston injecteur et le servo-moteur qui le meut, puisqu'on avait remplacé la presse à main par la presse semi-automatique. Mais il valait moins que la somme des prix de la presse semi-automatique et du dispositif d'automatisation intégrale. Son prix était inscrit entre deux limites bien précises. Il aurait pu calculer exactement ce qu'il valait d'argent.

– Putain de moi-même, dit-il à voix haute.

Il leva, détacha, baissa, trancha, sépara, jeta, attendit. Il continuait de réfléchir.

Si le prix des presses entièrement automatiques vient à baisser, à tomber au-dessous de son prix à lui . . . Neuf ouvriers sur dix n'auront plus de travail, et, pour ne pas perdre son emploi, le dixième ouvrier acceptera de travailler au rabais. Le prix de l'heure d'homme baissera. Donc Bernard Busard vaudra encore un peu moins d'argent. Et Morel père et fils, même s'ils s'y mettent de tout leur cœur, ne pourront pas le revaloriser, puisque s'ils augmentent leur prix de revient, leurs concurrents les ruinent.

– Il n'y a rien à faire, dit-il à voix haute.

Il trancha, sépara, jeta, attendit.

Il se demanda ce que Chatelard lui répondrait. Au fait il le savait. En 1954, les données fondamentales des problèmes du travail, des prix et des salaires étaient familières à la plupart des jeunes gens des villes ouvrières, même à ceux qui comme lui ne lisaient que les rubriques sportives des journaux: depuis l'enfance, ils en avaient entendu discuter à la table de famille. Chatelard lui dirait qu'il venait de décrire l'une des contradictions du régime, qu'il y avait une solution pour les travailleurs et qu'il n'y en avait qu'une: changer le régime. Mais quand?

Il leva, détacha, baissa . . .

Il se rappelait les discussions entre son père et Chatelard.

– Vous avez loupé le coche en 36, disait le père Busard. Et vous l'avez de nouveau loupé en 44.*

– Les conditions nécessaires n'étaient pas réunies, répondait Chatelard. Si nous avions pris le pouvoir, nous

nous serions fait battre et le mouvement ouvrier aurait été anéanti pour des années, comme après la Commune.*

Le souvenir de l'interminable débat l'agaça jusqu'à lui soulever le cœur.

Il leva, détacha, baissa . . .

Busard refuse également pour lui la vie de son père et celle de Chatelard. Il n'accepte pas de se donner l'illusion de la liberté en fabriquant à perte des objets démodés ou en allant à la pêche à la ligne pendant que les femmes polissent son lot de montures de lunettes; le temps de l'artisanat est passé. Mais il se refuse à sacrifier son présent, tout ce qu'il possède, pour une révolution dont la date est toujours remise. Il a trouvé la solution, la seule.

– Moi, je me tire, dit-il à voix haute.

Il lève, détache, baisse . . .

En contraste avec la brise fraîche de la nuit, une odeur d'huile chaude monte de la machine. C'est l'odeur de Bionnas. Il faut quitter au plus vite cette ville puante. Busard ne pénétrera jamais plus dans une usine. Sur la nationale N° 7 glissent les longues voitures. Busard est impatient d'avoir tout ce qui permet d'être heureux.

Il tranche, sépare, jette, attend . . . Le voyant n'en finit plus de s'allumer.

Depuis plus de trois mois qu'il sert la presse à injecter, Busard n'a encore tissé que la moitié de son allée rouge de carrosses-corbillards. Le voyant n'en finit plus de s'allumer. Pourquoi les ingénieurs n'ont-ils pas inventé un procédé pour refroidir plus vite la matière plastique? Plus vite! Busard est capable d'accélérer indéfiniment la cadence. Il est extrêmement pressé de s'en aller. Il pense à la mort.

Quand à force d'avoir été battu, l'homme a admis qu'il est inutile d'essayer d'être heureux, il cesse de penser à sa fin. C'est qu'il a déjà cessé de vivre. Mais les jeunes hommes pensent fréquemment à la mort. De même le coureur à ses débuts est obsédé par le délai d'arrivée;* s'il ne franchit pas la ligne d'arrivée dans le temps limite, il ne sera plus classé, il aura couru pour rien. Pour les jeunes hommes, chaque seconde morte* raccourcit le délai d'arrivée. Le temps passé auprès de la presse à injecter est un temps mort. S'il devait servir la presse à injecter jusqu'à sa dernière heure, Busard mourrait avant d'avoir commencé de vivre. Voilà à quoi il pense, en attendant que le voyant s'allume. Chaque seconde que bat la grande aiguille de l'horloge de l'atelier est ôtée à son *délai de vie*. C'est plus angoissant que de voir couler son sang.

Il abaissa la manette maîtresse pour couper le courant et marcha jusqu'à la baie vitrée. La presse s'arrêta avec une sorte de râle, comme une fuite d'oiseaux dans les roseaux.

Entraîné comme il l'est aux sports, il sait qu'on retrouve le contrôle de soi en respirant profondément. Il aspira à plusieurs reprises l'air frais de la nuit, en observant d'emplir complètement ses poumons. Mais alors, il sentit des larmes monter à ses yeux.

– Toquard, dit-il de lui-même à voix haute.

Un bruit de moteur dans la cour voisine; Morel père rentrait sa voiture au garage. Juliette Doucet devait avoir rejoint Paul Morel. Tant mieux, tant pis pour Paul Morel. Busard pensa qu'il avait envie d'avoir une auto à lui, une grosse, une huit cylindres comme Morel père. Et Marie-Jeanne près de lui, dans l'auto. Il repoussa violemment l'idée qu'il désirait la voiture encore plus intensément que la présence de Marie-Jeanne. Non, il avait envie d'avoir Marie-Jeanne tout son soûl et qu'on leur serve le déjeuner du matin au lit à tous les deux.

– J'ai envie de faire tout ce qui me plaît, dit-il à voix haute.

Il repoussa violemment l'idée que les heures dans le snack-bar seraient peut-être du temps mort, comme celui auprès de la presse. Une idée digne de son père ou de Chatelard. Avec l'âge, leur raison avait tourné, comme du lait. Mais l'angoisse était revenue.

Busard sortit de l'atelier et marcha le long des bégonias, en réglant son souffle, les bras déployés à chaque respiration.

Dix heures sonna. Le Bressan n'était pas encore là. C'était à prévoir. Il s'était soûlé à la *vogue** de son village. Plus une seule seconde à perdre: le compte-carrosses ne tournait pas. Mort pour mort,* le temps passé à faire de la gymnastique devant les bégonias était aussi mort que le temps passé à servir la presse et il retardait l'échéance de vie. Busard courut à la presse. Il leva, détacha, baissa, trancha, sépara, jeta, attendit, leva, détacha, baissa, trancha, sépara, jeta, attendit, leva, détacha, baissa, trancha . . .

Le Bressan arriva un peu avant minuit. Il avait l'œil injecté de sang, mais il marchait droit. Il avait touché une prime de quatre mille francs pour avoir gagné la course de la fête patronale. Il tendit deux billets de mille à Busard.

– Non, dit Busard, c'est à toi.

– On partage tout.

– Non. C'était convenu que tu me rendrais en heures les heures que j'ai faites aujourd'hui pour toi.

– Je te rendrai les heures, mais tu prendras quand même les deux mille francs.

– Il n'y a pas de raison, dit Busard.

– Nous sommes les deux bœufs de la même paire, dit le Bressan.

Busard avait séparé, jeté, il attendait. D'un coup d'épaules le Bressan l'écarta de la presse et prit sa place. Il leva, détacha, baissa, trancha . . .

Busard sortit et s'engagea dans l'avenue Jean-Jaurès pour rentrer chez lui. Il n'avait plus du tout sommeil. Il fit demi-tour et se dirigea vers le bal.

6

Ce même premier dimanche de septembre, j'étais allé vers dix heures du soir boire un verre au Petit-Toulon, chez Jambe d'Argent. L'ancien légionnaire et moi, nous passions de temps en temps la soirée à nous raconter des souvenirs de nos voyages.

– La patronne de l'Hôtel Oriental à Bangkok, une Hollandaise . . .

– A qui le dis-tu? . . . C'est une copine à moi. Sers-nous encore un rhum pour boire à sa prospérité.

Son temps de Légion achevé, Jambe d'Argent avait tenté de s'établir ici et là par le monde. Mais l'argent qu'il avait gagné en un an à faire travailler à coups de trique les saigneurs d'hévéas des plantations de Malaisie, ou à conduire des camions sur les pistes du haut bassin de l'Irrawadi, il l'avait toujours dépensé en moins d'une semaine, en buvant des alcools forts en compagnie de femmes provocantes et indifférentes. A soixante-dix ans, et revenu à Bionnas, sa ville natale, où il avait hérité un bistrot d'un lointain parent, il arrivait encore que son regard s'illuminât de l'orgueil puéril des rois des bas-quartiers. Je l'imaginais aisément, dans ses belles années, au soir des grandes paies, entrant la narine pincée et l'œil attentif dans un de ces lieux qu'on nomme non sans magnificence *établissement de nuit*; c'était là qu'il avait décidé d'*établir* sa nuit. Une balle reçue au cours d'une rixe provoquée par lui, pour ne pas laisser mettre en doute qu'il était *un homme*, lui avait brisé le genou; il était affublé d'une rotule de métal, d'où son surnom.

Jambe d'Argent et moi, nous buvions donc du rhum ensemble, ce soir-là, en nous racontant, avec beaucoup de vantardises, nos aventures passées.

Vers les onze heures arrivèrent Paul Morel et Juliette Doucet qui s'assirent dans un coin et parlèrent à voix basse. Il était visible que Morel faisait des reproches à la jeune femme et qu'elle s'amusait à l'exaspérer.

– Elle est superbe, dis-je.

Elle faisait éclater la robe de cotonnade qu'elle avait mise pour aller aux régates. Son rire sans retenue* donnait le même plaisir que de voir une montagne verdir à la fonte des neiges.

– Oui, dit Jambe d'Argent. Dommage qu'elle ne soit pas sérieuse. Paul Morel s'est sérieusement attaché à elle. Mais elle couche à droite et à gauche. Il finira par se lasser.

C'était son habitude que de se consoler en parlant raison de n'avoir jamais été raisonnable.

Juliette était à l'âge où les très belles filles viennent de prendre conscience de leur pouvoir. L'universalité du désir qu'elles inspirent fait tous les hommes égaux devant elles. Comme Juliette n'avait pas encore été humiliée, elle laissait parler son cœur.

Voici ce qu'on m'avait raconté d'elle. Un jour, passant par la Cité Morel, elle avait été plaisantée par le père Flandin, un vieil ouvrier qui achevait sa vie solitairement dans un four de l'ancienne briqueterie, près de l'étang.

Elle lui avait tendu sa belle bouche:

– Prends, père Flandin, prends! Tu n'en auras plus jamais de pareille à te mettre sous la dent.

C'était une chance qu'elle n'eût encore jamais été humiliée. Elle le devait pour une bonne part à son obstination à continuer de travailler, à l'atelier de collage de Plastoform, malgré les cadeaux qu'elle recevait et les offres bien plus considérables qu'on lui faisait. Elle savait que si Paul Morel la chassait de l'usine, elle trouverait du travail ailleurs. Elle restait ouvrière. Elle pouvait donc dire oui ou non, selon qu'il lui chantait.

Cela ne durera pas. Paul Morel ou Jules Morel, ou Jambe d'Argent pour le compte de quelqu'un d'autre, soumettront Juliette. C'était aussi certain qu'il avait été certain que Lenoir, maillot rouge, ou le Grenoblois, maillot bleu ciel, gagnerait le Circuit de Bionnas. Mais ce soir-là encore c'était une joie sans réticence que de la regarder. Peintre à l'ancienne manière, je l'eusse choisie pour allégorie de la générosité.

Paul Morel était devenu blême. Il parlait vite, en tapant avec son verre sur le marbre de la table. Juliette commençait à s'ennuyer. Le coin de sa bouche s'abaissa. Je détestais cela, qui me faisait penser qu'elle aura un jour la lèvre marquée du pli de l'amertume.

Il était minuit passé. La porte s'ouvrit. Busard entra. Il marqua un temps d'hésitation en voyant qu'il n'y avait que nous quatre dans la salle.

– Le champion de la presse à injecter! annonça Jambe d'Argent.

Je fis signe à Busard de venir à notre table. Jambe d'Argent se leva pour servir un nouveau cognac *ballon* à Morel et à Juliette. Il commença de bavarder avec eux. Busard resta seul avec moi et me raconta sa journée de quinze heures.

– Tu devrais aller te coucher.

– Je n'ai pas du tout sommeil.

Il fronça le sourcil, ce qui rapprocha encore ses yeux. Il avait plus que jamais l'air *buté*.

Il me dit qu'en sortant de l'atelier, il était passé au bal et qu'il n'y avait pas trouvé Marie-Jeanne. Or il venait de me rapporter qu'il l'avait fait prévenir qu'il rentrerait directement chez lui. Il avait voulu vérifier si elle n'était pas quand même allée danser.

Puis il était monté jusqu'à la Cité Morel et avait frappé au carreau. Elle n'avait pas répondu.

Il n'avait pas insisté, craignant, me dit-il, de réveiller la mère, mais plutôt, pensais-je, d'irriter son amie.

– Il est vrai, dit-il, que nous ne devions nous voir que mardi. Mais tout de même, elle sait que j'ai travaillé depuis ce matin huit heures. Elle n'est pas très . . .

Il chercha le mot.

– . . . Elle n'est pas très affectueuse.

Je lui proposai de boire un verre.

– Oui, dit-il. Ainsi j'arriverais peut-être à dormir.

Je criai:

– Un rhum pour Busard!

– C'est moi qui vais le servir, cria Juliette.

Elle se leva précipitamment, passa derrière les bouteilles. Paul Morel parlait vivement à Jambe d'Argent; sans doute se plaignait-il. Je proposai qu'on réunît les deux tables.

– Oui, oui, cria Juliette.

Morel n'osa pas refuser et je commandai des grands verres pour tout le monde. Quand nous fûmes tous en train de boire:

– Il est jaloux, dit Juliette, en désignant Morel.

– On n'est pas jaloux d'elle, dit Morel.

– Il est jaloux de son père, qui m'a emmenée aux régates.

– Je ne suis pas jaloux, dit Morel. Mais je ne te permets pas de me rendre ridicule.

Il nous prit à témoin.

– Il y avait aux régates beaucoup de gens qui me connaissent et qui m'ont souvent vu avec Juliette. Ils vont dire que je me suis fait souffler ma poule par mon père.

Juliette releva vivement le mot.

– Ta poule ne veut plus de toi.

– C'est le vieux qui tient le fric.

– Ni du père, ni du fils, dit Juliette. Fini!

– Je connais les goûts du vieux. Tu n'es pas du tout son genre. S'il t'a emmenée, c'est pour la galerie.

Juliette nous prit à son tour à témoin.

– Je ne lui fais pas dire.* Ce qui compte pour le fils, c'est l'amour-propre, et pour le père la galerie. Qu'est-ce que je viens faire là-dedans?*

Elle s'adressa plus spécialement à Busard.

– Ni l'un, ni l'autre ne serait capable de faire pour aucune femme au monde ce que tu fais pour la Marie-Jeanne.

Busard tapa sur la table.

– Remettez ça, dit-il à Jambe d'Argent. C'est ma tournée.

– Non, dit violemment Juliette.

– De quoi te mêles-tu? demanda Busard.

– Paie la tournée si tu veux, dit Juliette. Mais je t'interdis de boire un verre de plus.

– De quel droit tu m'interdis?

– Tu ne vois donc pas qu'ils vont t'avoir? s'écria Juliette.

– Qui?

– Le père et le fils.

– Tu es marrante, dit Busard.

Jambe d'Argent nous servit. Il tint la bouteille suspendue au-dessus du verre de Busard.

– Alors? demanda-t-il en clignant de l'œil.

– Verse.

Busard leva son verre en direction de Morel.

– Ta machine te salue, dit-il.

– Qu'est-ce que tu veux dire?

– Juliette a raison. Mais vous ne m'aurez pas, parce que, moi, je vais me tirer.

– Tu as la mémoire courte, dit Morel. N'ai-je pas fait l'impossible pour que tu puisses gagner ces 325 000 francs?

– Je suis la machine idéale, dit Busard. Rien à payer pour l'achat. Je ne te coûte que l'entretien.

– Voilà ta reconnaissance!*

– Dans dix ans, s'écria Juliette, tu seras encore en train de servir sa presse.

– Non, dit Busard, puisque je vais me tirer.

Il fit signe à Jambe d'Argent:

– Encore un verre! dit-il.

Il vida le verre d'un coup. Il regardait Juliette.

– Toi, dit-il, tu as du cœur . . .

Il insista.

– Moi, je t'aime, dit Juliette.

– J'ai compris, dit Paul Morel.

Juliette se tourna vers lui.

– Tu as mis bien du temps pour comprendre.

– Bon, bon . . .

Il s'efforçait de rire.

– . . . Alors c'est moi qui dois me tirer?

– Bonne nuit, dit Juliette.

– Vous voyez comme elle est . . . dit-il.

Nous nous taisions tous. Nous le regardions. Il se leva et mit la main sur mon épaule.

– C'est idiot, dit-il. Mais j'ai vraiment le béguin pour elle.

Il s'adressa à Jambe d'Argent.

– Tu mettras sur mon compte.

– Quoi? demanda Jambe d'Argent.

– Tout, dit-il.

Il ajouta:

– Je ne suis bon qu'à ça.

Mais sa voix n'était pas agressive, plutôt craintive.

Busard et Juliette se regardaient et ne l'entendirent pas.

– Alors bonsoir, dit-il.

Il s'en alla.

Busard continuait de regarder Juliette. Il ne paraissait pas ivre. Il avait les traits tendus, comme dans la troisième boucle du Circuit, quand il continuait de pédaler, bien qu'il fût tombé et qu'il eût la cuisse blessée.

– Tu es belle, dit-il. Comment peux-tu aller avec eux?

– Si tu voulais, j'aurais bien vite oublié que je suis allée avec eux.

– Quand je te vois, je suis content de vivre.

– Si tu voulais, Busard . . .

– Tu sais bien que j'aime Marie-Jeanne.

– C'est vrai. Tu aimes Marie-Jeanne.

– Tu es bien plus belle que Marie-Jeanne. Tu es meilleure qu'elle. Je me sens mieux avec toi. Pourquoi est-ce que j'aime Marie-Jeanne?

– Nous n'avons pas de chance, dit Juliette.

– Marie-Jeanne est un peu comme eux, dit Busard. Elle calcule. Elle a de petits gestes.

– Tu ne veux tout de même pas que ce soit moi qui la défende.

– Tu en serais capable.

– Oui, parce que je me mets à la place de Marie-Jeanne. Elle se défend . . .

– Contre quoi?

– Elle se défend.

– Toi et moi, dit Busard, nous sommes des lions.

– On croit ça.

– Moi, je suis un lion. j'ai décidé de me tirer. Je me tirerai. Je ne lâcherai pas la presse à Morel tant que je n'aurai pas gagné ces 325 000 francs. Mais ensuite adieu à Bionnas!

– Petit lion . . .

– Tu te moques de moi?

– Ça ne fait rien, puisque je t'aime.

– Pourquoi te moques-tu de moi?

– Les lions ne se tirent pas.

– La vérité, c'est que tu ne voudrais pas que je quitte Bionnas. Alors tu dis que les lions ne se tirent pas. C'est parce que tu m'aimes.

– Tu as deviné, dit-elle.

– Jambe d'Argent, dit-il, remets-nous cela . . . Comme tu es belle, Juliette!

Longtemps, dans la nuit, ils poursuivirent leur dialogue, répétant les mêmes questions, les mêmes réponses, les mêmes exclamations, tantôt dans un ordre, tantôt dans un autre, mais sans qu'intervînt d'élément nouveau, et parlant de plus en plus lentement à mesure qu'ils avaient davantage bu.

Mais qui serait entré à l'improviste n'aurait pas pensé qu'ils avaient bu. Busard se tenait un peu raide sur sa chaise, comme les jeunes gens des vieilles familles qui ont été élevés sévèrement, qui paraissent toujours à l'aise parce que leur éducation leur est entrée dans les muscles, mais qui, en n'importe quelle circonstance, rentrent ventre et menton, comme il le leur a été appris. Quant à Juliette, elle supporte l'alcool comme un torrent la fonte des neiges.

La tête de Busard tomba tout d'un coup sur ses bras croisés. Il dormait.

Il était quatre heures du matin. Jambe d'Argent avait depuis longtemps abaissé les rideaux de fer.

– Busard, dis-je, doit relever le Bressan à huit heures.

– Est-ce que tu peux le coucher? demanda Juliette à Jambe d'Argent.

– S'il veut, il peut s'étendre sur la banquette.

– Tu le réveilleras?

– Il faudra bien qu'il se réveille. La servante commence à faire la salle à six heures.

Juliette et moi, nous portâmes Busard sur la banquette.

– Apporte une couverture, dit Juliette à Jambe d'Argent.

– Tu me donnes des ordres!

– Dépêche-toi!

Elle plaça la couverture sur Busard. Elle le borda. Elle posa un baiser sur son front.

– Comme j'aurais bien su t'aimer, dit-elle.

Elle sortit en se baissant pour passer sous le rideau de fer, et nous entendîmes aussitôt gronder son scooter.

– Un dernier rhum, dis-je à Jambe d'Argent. Comme elle est belle!

7

Ce 5 novembre, à midi, les ouvriers de Plastoform furent mis en congé pour quarante-huit heures, afin de permettre l'installation sur les presses d'un nouveau système de refroidissement.

Un composé chimique allait remplacer l'eau en circulation dans les parois de la matrice. Mais il fallait auparavant modifier les serpentins, pour que les acides ne mordent pas sur le métal. Le temps de refroidissement des objets moulés sera réduit des deux tiers.

Busard calcula aussitôt l'incidence du perfectionnement de la machine sur son propre travail.

Il ne disposera plus que de dix secondes au lieu de trente pour trancher la carotte, séparer les carrosses jumelés, les jeter dans la caisse. Le voyant rouge s'allumera dans le moment même qu'il aura achevé la triple opération. C'était la suppression du temps de repos.*

Il fabriquera désormais un carrosse-corbillard toutes les vingt secondes, 3 par minute, 180 par heure, 2160 par jour. Pendant les treize jours qu'il doit encore consacrer au service de la presse pour achever de gagner les 325 000 francs, il fabriquera 28 080 carrosses-corbillards au lieu de 14 040. Qu'est-ce que ça peut bien lui faire désormais?

Chaque ouvrier faisait les mêmes calculs. On discutait

par petits groupes. Malgré l'avis de fermeture, on ne quitta pas les ateliers avant treize heures.

Pour faire échec au mécontentement, la direction annonça simultanément une augmentation horaire de 10 francs.

Busard calcula qu'il gagnera 2440 francs par jour au lieu de 2040, ce qui devrait réduire d'un jour et trois heures le temps qu'il lui reste à passer à l'usine. Mais les deux jours de congé forcé étant payés au tarif ordinaire, sans la majoration pour les heures de nuit, rien ne sera finalement changé pour lui. Ce sera, comme il avait été prévu, le dimanche 18 novembre à vingt heures qu'il aura terminé son exploit, et le Bressan, le même jour à minuit.

Les deux garçons rentrèrent ensemble déjeuner chez les parents de Busard.

– Moi, dit le père de Busard, je me demande ce que les clients trouvent aux carrosses du père Morel pour en réclamer toujours davantage.

– Chamois, edelweiss ou carrosse, c'est aussi idiot, dit Busard.

– Je ne fabrique pas deux edelweiss qui soient identiques, protesta le père.

– Les clients d'aujourd'hui ne savent plus distinguer la qualité, fit remarquer la mère.

– Et je ne fabrique que quelques grosses d'edelweiss par an, continua le père.

– Tout de même, intervint Hélène Busard, je me demande pourquoi le père Morel s'entête à fabriquer des carrosses. La clientèle d'aujourd'hui préfère les autos.

– Je t'ai déjà expliqué, dit Busard, qu'il fabrique des carrosses parce que les Américains lui ont vendu au rabais un moule de corbillard.

– Tout de même, protesta Héléne . . . Moi, je tiens la comptabilité de notre affaire. Je connais les besoins de la clientèle. Je n'arriverais pas à vendre trois grosses de carrosses par an.

– Et des corbillards? demanda le Bressan.

Hélène haussa les épaules.

– Le corbillard ne se vend pas en France, dit-elle.

– Le vieux Morel vend ses corbillards aux nègres, dit Busard. C'est Paul Morel qui me l'a dit.

– Les enfants des nègres sont sûrement comme les nôtres, dit Hélène. Je suis sûre qu'ils préfèrent les autos aux carrosses.

– Tout s'en va en Afrique. Je ne peux pas t'en dire davantage.

– Peut-être que les nègres prennent ça pour des corbillards, dit la mère. Ces gens-là ont le goût macabre.

– Dans ce cas, dit Hélène, Morel les injecterait en noir.

– Le rouge, répliqua la mère, c'est peut-être la couleur de deuil des nègres. Puisqu'ils ont la peau noire. Ce serait raisonnable.

– Vous déraisonnez, dit le père. La vérité, c'est que Morel a trouvé le moyen d'obliger les nègres à acheter ses carrosses.

– Mais non, papa, dit Busard. Morel vend ses jouets à des comptoirs qui achètent aux nègres tous leurs produits et qui leur vendent tout ce dont ils ont besoin. Ils ont aussi besoin de jouets, les nègres . . .

– C'est bien ce que je disais. On leur prend leurs cornes d'éléphants et on les paie avec des carrosses en matière plastique.

– Les éléphants n'ont pas de cornes, dit Hélène.

– On leur prend leur caoutchouc.

– Le caoutchouc, c'est en Indochine, dit Hélène.

– En Afrique aussi, intervint le Bressan. Je l'ai lu dans le *Chasseur français.**

– Je sais ce que je dis, continua le père. Bernard se fait le complice d'un faux-monnayeur. On devrait le poursuivre.*

– Tu exagères, dit la mère. Ces carrosses ne valent pas grand-chose, mais ils valent tout de même quelque chose.

– Bernard se fait le complice d'une mauvaise action.

– Merde, dit Busard.

– Sois poli avec ton père, dit Mme Busard.

Busard se leva et passa dans sa chambre. Le Bressan le

suivit. Ils s'étendirent côte à côte et s'endormirent presque aussitôt. C'était la première fois depuis la mi-mai que ne pesait pas sur eux l'obligation de retourner à l'atelier trois heures plus tard.

Quand Busard se réveilla, le Bressan, assis devant le chef-d'œuvre du père, faisait fonctionner les signaux de la circulation à l'entrée de la rue Royale: feu rouge, feu vert, feu jaune, feu rouge.

– Ton père a oublié quelque chose.

– Ne lui dis surtout pas.

– Il y a même une voiture de pompiers. Mais pas un seul cycliste.

– Il ne doit pas y avoir beaucoup de cyclistes dans Paris. Surtout place de la Concorde . . .

– On m'a dit qu'il y en avait encore . . .

– C'est vrai, s'écria Busard. J'en ai même connu un. Il est venu en vacances ici. C'était un porteur de journaux.

– Il y a longtemps?

– En 1946.

– Maintenant les porteurs de journaux doivent avoir des mobilettes.*

– Pas nécessairement, dit Busard, Ça dépend du prix de revient et de l'amortissement.

– Ah! oui, dit le Bressan.

– Paul Morel m'a expliqué ces questions pendant que tu courais dans ton village.

– Tu es bien copain avec lui!

– Pour ce que ça me sert . . .*

Ils restèrent un instant silencieux.

Puis ils se regardèrent.

– Oui? demanda le Bressan.

– Justement j'y pensais, dit Busard.

Ils allèrent décrocher leurs vélos, qui étaient pendus dans le bûcher, et partirent côte à côte, petit train, sur la route de Saint-Claude, vers le col de la Croix-Rousse.

Il avait plu. Les prés sentaient le champignon. Il faisait frais, pas encore froid. Busard se sentait les jambes beaucoup plus déliées qu'il n'aurait cru après tant de mois sans entraînement.

– Ça biche? demanda le Bressan.

– Oui.

– Je t'attends au col, dit le Bressan.

Et il força.

Busard le laissa aller puis appuya* à son tour et le rattrapa aisément. A chaque coup de pédales, il paraissait faire davantage de chemin que le Bressan.

Quand il fut à sa hauteur:

– Mets un plus grand braquet,* conseilla-t-il.

– Tu crois?

– Essaie.

Le Bressan changea de braquet et alla plus à l'aise. Au premier lacet, Busard le passa, puis l'attendit.

– Il fallait mettre un plus petit braquet pour prendre le virage, dit-il.

– Tu as le même braquet que moi? demanda le Bressan.

– Plus petit maintenant, parce que je peine davantage que toi.

– Je suis plus fort, dit le Bressan.

– Oui, dit Busard. Mais je connais mieux le vélo que toi.

Ainsi allèrent-ils, jusqu'aux approches au col, courant et devisant en même temps. A cinq cents mètres, ils firent un sprint que Busard gagna par adresse.

Ils s'assirent au pied de la croix.

– Le premier vélo sur lequel je suis monté, dit le Bressan, n'avait pas de dérailleur.

– Quel âge avais-tu?

– En février de cette année.

– Tu n'étais jamais monté sur un vélo avant février?

– Non.

– Tu es champion.

– Oui . . . Mais je crois que je préfère les vélos sans dérailleur. Tous ces braquets, ça me brouille les idées.

– Ton premier vélo, combien avait-il de dents à l'arrière?

– Seize.

– C'est avec ça que tu as grimpé la Faucille?

– Oui.

– Tu es champion-champion!

– C'est vrai, dit le Bressan.

– Si en plus tu savais te servir de ton vélo, tu serais champion-champion-champion.

Busard retourna sa bicyclette et se mit à expliquer le principe des démultiplications, et comment on utilise le dérailleur et les braquets, en fonction de la pente, du vent, selon qu'on prend un virage à la corde ou sur le plus grand rayon,* et aussi en rapport de l'attitude des adversaires et en tenant compte de sa propre fatigue.

– En somme, il n'y a pas de règle absolue, disait-il. Trop de facteurs entrent en jeu. Certains te diront pourtant qu'il y a des règles absolues. A mon avis ce n'est pas tout à fait vrai. Un grand coureur doit aussi *sentir* à quel moment il doit changer de braquet et quel calibre* il doit choisir. Mais même si tu as de l'instinct, il faut d'abord que tu saches . . .

Le Bressan posait des questions, répétait les réponses. Il voulut faire tout de suite l'épreuve de ses nouvelles connaissances et proposa de descendre au Clusot et de remonter par les treize lacets. Il était trop tard. Le soleil était déjà caché par les crêtes.

– On remontera aux lanternes.*

– On ne court pas aux lanternes.

– L'hiver dernier, je me suis entraîné à la lanterne.

– Pour être champion, tu es champion, répéta Busard.

Mais il insista pour revenir sans plus tarder à Bionnas. A quoi bon s'entraîner, puisqu'il ne courra jamais plus?

Ils descendirent tout petit train, pour rester plus longtemps à vélo.

«Au fait, se demanda Busard, pourquoi ne courrai-je jamais plus?»

Il réfléchit qu'il était possible d'être à la fois gérant de snack-bar et coureur amateur. Qu'on peut même passer dans la catégorie des *indépendants*, laquelle est intermédiaire entre amateurs et professionnels; Robic,* Antonin

Rolland, Darrigade* avaient commencé leur carrière comme *indépendants*. Que la gérance d'un snack-bar est précisément le métier qui convient à un *indépendant*. Que Marie-Jeanne, femme de tête, tiendra l'établissement pendant qu'il s'entraînera.

Il éprouva la même allégresse que le jour où il avait inventé le moyen de gagner les 325 000 francs nécessaires pour obtenir Marie-Jeanne et le snack-bar.

Depuis lors, devant la presse à injecter, il avait eu trop le temps d'imaginer en détail le bonheur futur. Comme les électrodes des vieux accumulateurs, les mots et les images s'étaient encrassés. Le courant ne passait plus. Un snack-bar, c'est un restaurant. Gérer un fonds, c'est un travail. Une Cadillac, une Austin, une Mercédès, ce sont des automobiles. Un petit déjeuner au lit, c'est du chocolat et des croissants. De l'argent, c'est de l'argent. Marie-Jeanne, c'est une femme.

Au cours des dernières semaines, il n'y avait plus eu qu'une seule idée qui l'excitât: en terminer avec la presse; finir les quatre heures du poste; finir les trois postes de la journée; finir les cent quatre-vingt-sept jours. Dans l'atelier, chaque ouvrier épingle sur le panneau le plus proche de sa machine l'image de ce qui le hante ou de ce par quoi il croit ou veut être hanté; pour la plupart, c'est une *pin-up*, et Lollobrigida* l'emporte sur toutes les autres; mais il y a des udeurs qui faussent un choix qui peut rarement être interprété à la lettre; Lollobrigida symbolise peut-être une petite maigrichonne, dont on veut taire le nom, à soi-même peut-être, et qui se trouve évoquée par l'excès même de ce qui lui manque. Pour d'autres, c'est une motocyclette ou un scooter dont la photographie a été détachée dans un catalogue. Busard avait affiché une sorte de rectangle, découpé dans un calendrier, le mois de mai à partir du 16, les mois de juin, juillet, août, septembre, octobre dans leur totalité et le mois de novembre jusqu'au dimanche 18; il en barrait chaque jour une ligne.

L'idée qu'il pourrait encore courir, et même bien mieux

qu'auparavant, comme *indépendant*, rendit un sens aux treize jours qu'il devait encore consacrer à servir la presse aux carrosses. Pourquoi n'y avait-il pas pensé plus tôt? Parce que Marie-Jeanne s'opposait à ce qu'il fît carrière dans le cyclisme. En optant pour le snack-bar, il avait renoncé à la gloire sportive. Pourquoi donc n'avait-il pas pensé qu'il lui resterait la possibilité de courir comme *indépendant*? Mais pourquoi donc personne n'avait pensé avant 1873* qu'on pouvait se tenir en équilibre sur deux roues en mouvement? Il renonça à réfléchir sur la genèse des découvertes.

– On sprinte? cria-t-il.

Et il fonça jusqu'à l'entrée de Bionnas, où le Bressan le précéda, non seulement parce qu'il était le plus fort, mais aussi parce que, pour la première fois, il ne s'était pas handicapé en choisissant mal les braquets. La nuit tombait. Marie-Jeanne faisait des *jours* à la lumière d'un plafonnier qu'un contrepoids lui permettait d'éloigner ou de rapprocher selon la finesse de l'ouvrage auquel elle travaillait.

Elle leur offrit des cerises à l'eau-de-vie. La mère rentra de l'usine.

– Vous n'avez pas de chance, dit-elle. Le syndicat vient de décider la grève . . . Pas beaucoup de commandes en ce moment, le père Morel n'est pas près de céder . . . ça peut durer des éternités comme en 1947,* quand on est resté neuf semaines en grève . . . Il va falloir ajourner les noces.

– La traite est au 20 novembre, dit Busard.

Il avait versé 375 000 francs à la signature du contrat et signé une traite pour le solde au 20 novembre. Il avait tellement tenu à ne pas se laisser aller à allonger son *temps de presse* qu'il avait refusé le délai au 31 décembre que lui avait proposé le propriétaire du snack-bar.

– Ils feront un arrangement, dit la mère, on fait toujours des arrangements dans ces cas-là.

– Et s'ils ne voulaient pas faire d'arrangement? demanda Busard.

Personne ne répondit.

– C'est trop idiot, cria Busard. Il ne me reste plus que treize jours à faire. Et pourquoi donc font-ils grève?

– Tu le sais bien, dit la mère. Le nouveau système de refroidissement accroît la production de cinquante pour cent. Morel a décidé lui-même une augmentation de dix francs de l'heure. Le syndicat réclame une augmentation de vingt francs de l'heure.

Busard se tourna vers Marie-Jeanne.

– Qu'est-ce que ça peut bien me faire, dit-il, puisque je m'en vais . . .

Marie-Jeanne continuait de broder les *jours*. Son visage resta indéchiffrable.

Busard se retourna vers la mère.

– Si Morel accordait les vingt francs, dit-il, je n'y gagnerais pas vingt-quatre heures!

– Les autres ne s'en vont pas, dit la mère.

Busard s'adressa de nouveau à Marie-Jeanne.

– Moi je m'en vais, dit-il. Grève ou pas grève, je travaille jusqu'à la fin de mon temps. Et puis je me tire.

Marie-Jeanne leva la tête.

– Tu ne peux pas, dit-elle.

– Et pourquoi donc, je ne peux pas?

– Tu sais bien que tu ne peux pas.

Busard ne répondit pas. Il s'assit près de la table, en face de Marie-Jeanne, la tête entre les mains.

– Pourquoi ne peut-il pas? demanda le Bressan.

– C'est déjà bien suffisant comme ça, dit sèchement Marie-Jeanne, que vous fassiez à deux le travail de trois.

– Si ce que nous gagnons nous suffit, dit le Bressan, on est bien libres, non?

– Et si on vous payait pour faire le mouchard, vous seriez bien libres, non?

– Ne l'engueule pas, dit la mère, c'est un paysan. Comment veux-tu qu'il comprenne? C'est la première fois qu'il travaille en boîte.

– Je n'ai jamais travaillé en boîte, dit Marie-Jeanne. Et je n'y travaillerai sûrement jamais. Ça ne m'empêche pas de comprendre.

– Toi, dit la mère, tu es fille d'ouvriers.

– Moi aussi, je suis fils d'ouvriers, dit Busard. N'empêche que, grève ou pas grève, j'irai à la boîte jusqu'à ce que mon temps soit fini. Et puis je m'en irai . . .

– Tu t'en iras tout seul, dit Marie-Jeanne.

– C'est tellement bête, dit Busard. Il ne me restait plus que treize jours à faire.

– Je n'ai jamais cru qu'on l'aurait, ton snack-bar.

– Nous l'aurons, dit Busard. La grève n'y changera rien. On fera bien patienter la traite quelques jours.

– Il arrivera quelque chose d'autre.

– Tu es désespérante.

– Vous aurez votre bistrot américain, dit la mère. Ce n'est pas à quelques jours près. Marie-Jeanne a tort de vous décourager. Mais on a l'habitude du malheur . . .

Les délégués ouvriers cependant s'étaient rendus chez Jules Morel.

– Faites-la, votre grève, dit le vieux. Vous me rendrez service. Pas de commandes . . . Si vous ne la faites pas, cette grève, je serai obligé de licencier une partie du personnel.

– Je sais lire l'anglais, dit Chatelard.

– Qu'est-ce que tu veux dire?

Le patron et le secrétaire du syndicat se tutoyaient depuis toujours. Ils se connaissaient aussi bien qu'un vieux braconnier le lièvre qu'il n'a jamais pu avoir et le lièvre le braconnier.

Chatelard lisait attentivement les journaux professionnels français et étrangers. Il avait étudié l'anglais et l'allemand en prison de 1940 à 1942* (il s'était évadé au moment où les Allemands étaient entrés en zone sud).* Il venait ainsi d'apprendre que Plastoform avait sous-traité avec une grosse firme américaine pour une commande importante, dans des conditions avantageuses par rapport au marché français. Il l'expliqua.

– Donne-nous nos vingt francs, conclut-il. Tu n'y perdras

rien. Et tu vas embêter tes concurrents; les ouvriers des autres boîtes vont réclamer à leur tour . . .

Ils discutaient encore, mais c'était pour la forme. Jules Morel devait livrer dans un délai précis et Chatelard s'en doutait. Les délégués ouvriers furent intransigeants, le vieux Morel accorda les vingt francs et la grève n'eut pas lieu.

Le travail reprit dans les ateliers de Plastoform, le 7 novembre, à midi, comme il avait été prévu par la direction.

Le Bressan prit le premier poste.

Il ne s'était fait aucun souci de l'accélération de la cadence. Le travail aux presses est tellement au-dessous de sa force qu'il ne le considère pas comme un véritable travail; la succession de gestes: lever, détacher, baisser, trancher, séparer, jeter, ne demande aucun effort; ce qui ne demande pas d'effort n'est pas un travail. L'obligation d'accomplir les six gestes en vingt secondes au lieu de quarante n'y change rien. Zéro plus zéro égale zéro. A la vérité, il n'a pas encore compris que c'est son travail qu'on lui paie.

Dans le village de Bresse où il a toujours vécu, lorsqu'il n'a pas plu depuis longtemps, le curé invite ses paroissiens à une procession propitiatoire. Les hommes font des plaisanteries: «Moi, pour faire pleuvoir, je pisse sur la terre.» Mais la plupart d'entre eux suivent la procession. Peut-être même ne sont-ils pas tout à fait sûrs que de pisser par terre n'aide pas *aussi* à faire venir la pluie.

Le Bressan va à l'usine comme à la procession. Cela n'a pas encore cessé d'être un miracle pour lui que de gagner cent soixante francs de l'heure pour des gestes qui n'exigent aucun effort. Mais il n'aime pas du tout ce métier qui n'en est pas un. C'est aussi ennuyeux que d'assister à la grand-messe. Il faut, estime-t-il, être né feignant pour accepter de faire cela toute sa vie. Pour lui, l'événement fait partie des choses extraordinaires qui arrivent pendant l'année de conscrit: il racontera que cette année-là, il a bu dix-neuf litres de vin et deux litres de marc au banquet du 29 janvier, qu'il a gagné le Circuit cycliste de Bionnas et qu'on lui a donné 325 000 francs sous condition qu'il assiste douze heures par jour, pendant six mois, à une drôle de messe sans musique.

L'une des singularités de la France au début de la seconde moitié du XXe siècle aura été qu'aient travaillé dans la même usine, dans les mêmes ateliers, le Bressan qui pense sa tâche comme une magie, et Chatelard qui prépare une grève en faisant l'analyse du marché. Au fait, si le Bressan devait rester plus longtemps à l'usine et surtout s'il passait de la presse aux ateliers de mécanique où l'on fait des moules, travail de précision et de réflexion, il suffirait que ses camarades s'occupent un peu de lui pour qu'il acquière le mode de réflexion, sinon la maturité de Chatelard. Dans son village même il y a des garçons qui ont cessé de croire à la sorcellerie, le jour où ils ont appris à réparer le moteur de leur tracteur (tant qu'on se borne à y mettre de l'essence, de l'huile et de l'eau, et d'appeler le mécanicien-sorcier quand il refuse quand même de marcher, le tracteur demeure un objet magique).

Mais la famille du Bressan avait trop peu de terres et d'argent pour acheter un tracteur. Et depuis qu'il vivait à Bionnas, travaillant douze heures par jour et dormant le reste du temps, il n'avait pas encore eu l'occasion d'entendre fonctionner une raison ouvrière.* Il ne faisait que passer par Bionnas; voilà aussi pourquoi il se souciait si peu de l'accélération des cadences.

Il y trouva même un certain agrément. L'attente entre le jet dans la caisse des carrosses jumelés et l'éclairement du voyant rouge avait été pour lui la partie la plus *ennuyeuse* du rite.

Busard arriva un peu avant quatre heures.

– Ça va plus vite, dit joyeusement le Bressan.

– Ce serait fameux si nous étions payés aux pièces, dit Busard. A l'heure, nous sommes volés.

– Nous toucherons moins?

– Tu es champion!

– Pourquoi?

– Champion d'idiotie, dit Busard.

Il regarda les autres ouvriers, qui finissaient leur premier poste de huit heures à la nouvelle cadence. Le changement de rythme n'était pas perceptible. Les mouvements restaient aussi lents que par le passé; c'était un repos, un mouvement qui n'existait pas qui avait été supprimé; cela ne se voit pas. C'était à peine si les hommes avaient l'air un peu plus ensommeillés que d'habitude.

La division de leur journée en six postes de quatre heures rendit le Bressan et Busard moins sensibles à l'augmentation de la somnolence si particulière qui caractérise le service de la presse à injecter.

Ce fut pendant les pauses entre les postes qu'ils sentirent d'abord les effets de la fatigue accrue. Le Bressan dormit moins profondément; il esquissait le geste de trancher le cordon, de séparer les carrosses jumelés; il se réveillait en sursaut, cherchant le voyant rouge. Busard dormait encore moins qu'auparavant; dès qu'il s'étendait sur le lit, il sentait des crampes, comme le besoin de pédaler; il se jetait hors du lit, d'un coup de ciseau des jarrets;* mais dès qu'il était debout, il se retrouvait les jambes molles, et faute de vrai sommeil, il n'était jamais plus complètement réveillé. Plusieurs fois par jour, ses joues devenaient brûlantes, ses extrémités glacées. Il se sentait comme quelqu'un qui vient de boire un verre de vin après un long jeûne. Il passait la main sur son front, comme pour enlever les *fils de la Vierge* qui collent au visage quand on se fraie un chemin dans un taillis.

Le 15 novembre, les deux garçons n'avaient plus que trois jours à passer à l'atelier pour achever d'accomplir leur tâche.

Après le poste de l'après-midi, le Bressan, au lieu de rentrer comme d'habitude chez les Busard, s'étendit sur des sacs de matière plastique dans un appentis adossé à l'atelier. A huit heures du soir, Busard vint le réveiller et s'allongea à son tour sur les sacs.

A minuit, le Bressan revint dans l'appentis. Busard était

étendu sur les sacs, légèrement soulevé sur le coude, les yeux ouverts.

– C'est ton tour, dit le Bressan.

Busard ne répondit pas, ne bougea pas.

– Il est minuit passé!

Pas de réponse.

Le Bressan poussa le cri de guerre de son village.

Busard sursauta et se trouva debout.

– Quoi, demanda-t-il, qu'est-ce qui se passe?

– Tu dormais les yeux ouverts.

– Je ne dormais pas.

– La preuve que tu dormais, c'est que tu n'as pas entendu ce que je te disais.

– Tu as poussé ton cri de sauvage.

– Avant de crier, je t'ai parlé.

– Alors, c'est vrai que je dormais.

– Les yeux ouverts, insista le Bressan.

Il examina Busard en silence.

– Qu'est-ce que j'ai? demanda Busard.

– Dépêche-toi . . . Il y a dix minutes que la machine ne fonctionne pas.

– J'y vais.

– Ecoute . . . Si tu as trop sommeil, réveille-moi avant l'heure. Moi, je tiens mieux le coup.

– Penses-tu, protesta Busard.

Il rentra dans l'atelier et rétablit le coupe-circuit de la grille de sécurité de sa presse. Dès le deuxième mois, le Bressan avait commencé de travailler sans dispositif de sécurité, grille ouverte, comme la plupart des ouvriers, qui s'épargnaient ainsi deux gestes sur six. Mais Busard était resté fidèle au serment qu'il s'était fait. La presse qui se referme sur les doigts et les broie, la main dans la presse, c'était une des choses qu'il avait le plus vivement imaginées à cette époque de l'enfance où la douleur apparaît encore plus insupportable qu'elle ne l'est dans la réalité. Chaque fois qu'en serrant la main à un inconnu, il n'étreignait que deux doigts ou trois, et puis il voyait les moignons, il sentait dans sa propre main comme si elle était en train d'être broyée.

En prenant son poste, il faisait sauter l'épissure nouée quatre heures plus tôt par le Bressan, nettoyait les fils avec son canif et les fixait dans le coupe-circuit, avec un tournevis qui demeurait caché en permanence entre le réservoir et le cylindre, à côté du chasse-téton. A la relève, le Bressan tirait les fils et refaisait l'épissure. Avec l'entraînement qu'ils avaient acquis, chaque opération ne durait pas plus de deux minutes.

Busard enclencha la manette, ouvrit la grille, détacha les derniers carrosses jumelés moulés par le Bressan, baissa la grille . . .

A une heure du matin, Hélène Busard, qui n'avait vu aucun des deux garçons depuis midi, vint à l'atelier.

Son frère détachait les carrosses du moule; il baissa la grille.

– Où est ton copain? On est inquiet que vous ne soyez venus manger ni l'un ni l'autre.

Busard trancha le cordon, sépara les carrosses jumelés, jeta les deux pièces dans la caisse. Il avait des trous noirs sous les yeux et le visage couleur de plomb.

Il montra du doigt l'appentis où dormait le Bressan. Le voyant rouge s'alluma. Il leva la grille.

Hélène alla dans l'appentis et secoua le Bressan.

– Vous ne mangez plus, alors?

Le Bressan s'assit sur les sacs de matière plastique.

Lui aussi avait les joues blêmes. Il la regarda, sans comprendre.

– Vous ne mangez donc plus?

– Je casserais bien la croûte,* dit-il.

– Vous n'avez rien mangé depuis ce matin?

– Je crois bien que non.

– Venez à la maison. Je vais vous préparer quelque chose en vitesse.

Le Bressan secoua la tête.

– J'ai sommeil, dit-il.

Il se rallongea sur les sacs, la tête entre les bras croisés.

Hélène courut à son frère.

– Tu n'as pas mangé non plus? demanda-t-elle.

Busard leva la grille, détacha les carrosses . . .

– Veux-tu que j'aille te chercher quelque chose?

Il trancha la carotte, sépara les carrosses . . .

– Je n'ai pas le temps, dit-il, ou plutôt . . .

Il jeta les carrosses, leva la grille.

– Ou plutôt? demanda-t-elle.

Il détacha les carrosses, baissa la grille.

– Plutôt, dit-il . . .

Il trancha, sépara, jeta.

– Plutôt quoi? demanda-t-elle.

Il ouvrit, détacha.

– Rien, dit-il.

Il baissa, trancha, sépara, jeta . . . Hélène baissa la manette qui commande la force motrice (pas de femme de Bionnas, sauf peut-être Marie-Jeanne, qui ne connaisse la manœuvre d'une presse à injecter). Busard leva la grille; le moule ne s'ouvrit pas. Busard baissa la grille; le piston ne se mit pas en route. Il regarda sa main qui ne tenait rien, puis il leva les yeux vers sa sœur.

Hélène rencontra les yeux du garçon, mais elle eut l'impression qu'il regardait au travers d'elle. Elle courut au robinet, près de la porte d'entrée, remplit un gobelet et revint à grands pas. Elle lança l'eau au visage de son frère.

– Rentre à la maison, dit-elle.

Les autres ouvriers les regardaient, sans cesser d'ouvrir la grille de leur presse (quand ils n'avaient pas supprimé le dispositif de sécurité), détacher l'objet moulé, baisser, trancher, séparer, dans la lente cadence des presses à injecter. Ce n'était pas la première fois que la femme, la mère ou la sœur d'un ouvrier qui faisait des heures supplémentaires au-delà de l'habituelle limite des forces intervenait brutalement pour mettre fin à la prouesse.

Ils attendaient de voir qui allait l'emporter, de l'opiniâtreté de l'homme à mener l'épreuve jusqu'à son terme, ou de l'indignation de la femme à l'égard d'une entreprise attentatoire au principe même de la vie.

– Il n'y en a plus que pour trois jours, dit Busard.

– Rentre manger et dormir, dit Hélène. Ton copain aussi! Vous travaillerez un jour de plus. Vous n'allez pas vous tuer pour en avoir fini un jour plus tôt!

– Je ne peux pas laisser la machine, dit Busard.

– La machine attendra aussi, dit Hélène. Le père Morel ne sera pas ruiné parce que sa presse sera restée un jour sans marcher . . . Non?

Busard alla à son tour jusqu'au robinet et mit la tête sous le jet d'eau. Il revint en s'ébrouant, une auréole de gouttelettes autour du visage. L'œil était redevenu vif. Il regarda sa sœur, le sourcil froncé.

– Nous n'en avons plus que pour trois jours, répéta-t-il.

– Ça fera quatre, dit-elle.

– Quatre, je ne pourrai pas.

Il enclencha la manette. Le piston chuinta dans le cylindre.

– J'aime mieux en finir d'un coup, dit-il. Trois jours, ce n'est pas la vie.

Il prononça cela tout d'un trait, d'une voix égale, comme un homme parfaitement éveillé.

– Tu vois, dit-il, je tiens très bien le coup.

Il leva la grille, détacha les carrosses jumelés.

– Le mieux, continua-t-il, ce serait que, pendant ces trois derniers jours, tu nous portes les repas ici . . .

– Jamais de la vie, dit violemment Hélène.

– Pour les trois derniers jours . . .

– C'est malsain de dormir dans votre capharnaüm.

– Trois jours, dit-il.

Il lança dans la caisse les deux carrosses symétriques et montra le calendrier épinglé sur la cloison.

– Dimanche, dit-il, à quatre heures de l'après-midi, je prendrai mon dernier poste . . .

Il leva la grille, détacha les carrosses . . .

– . . . Le soir je te ferai danser. Marie-Jeanne ne sera pas jalouse.

Il trancha le cordon.

– Je paierai une bouteille de mousseux.

– On verra ça, dit Hélène . . . Qu'est-ce que tu veux manger?

– Des fruits, dit-il, du chocolat . . . Comme les coureurs.

Il leva la grille.

– On en est au sprint, dit-il.

Morel, le père, passa par l'atelier dans la matinée du samedi.

Il regarda le calendrier épinglé sur la cloison, face à Busard.

En face du dimanche 18, le garçon avait écrit:

*La quille!**

et au-dessous:

187 jours
4488 heures
201 960 pièces

et encore au-dessous, en gros caractères cerclés de rouge:

325 000 francs

Morel réfléchit un moment.

– Tu as gagné bien plus que ça, dit-il.

Il avait l'habitude du calcul mental.

– 418 500 francs, dit-il.

– J'ai déduit la pension que je donne à mes parents, dit Busard.

Il leva la grille, détacha les carrosses jumelés. Morel calculait mentalement.

– Tu leur donnes 500 francs par jour, dit-il. Ce sont tes frais généraux.

– Il faut nourrir la machine, dit Busard.

– Tu sais faire un bilan, tu te débrouilleras . . . 325 000 francs de bénéfice net, en six mois et quelques jours, c'est joli. Je n'ai pas toujours gagné autant. Même maintenant, il arrive que Plastoform tourne à perte.*

Busard baissa la grille, trancha la carotte.

– Il paraît que tu prends une gérance?

– Oui, dit Busard, un snack-bar, à côté d'un poste à essence, sur la nationale 7 . . .*

– Excellente idée, le snack-bar, c'est l'avenir. Moi, maintenant, quand je vais à Paris avec la Chevrolet,* je ne déjeune plus qu'au snack-bar. Je fais l'essence en même temps. Pas de perte de temps, pas de *coup de fusil* . . .* 325 000 francs de caution?

– C'est 700 000, dit Busard. Ma fiancée et moi nous avions de petites économies.

– J'espère que tu ne t'es pas fait rouler . . .

Morel réfléchit un moment.

– Il te manquait 325 000 francs et tu les as faits avec la presse . . . c'est bien cela?

– Oui, dit Busard.

– Tu vois que tout le monde peut devenir capitaliste.

Busard détacha le carrosse du moule. Morel posa rapidement sa grosse main sur la grille et empêcha le garçon de la baisser.

Il compta sept secondes:

– Un . . . deux . . . trois . . .

Le moule ne se referma pas.

– Bien, dit Morel. Tu n'as pas truqué le coupe-circuit.

»Si tous les ouvriers étaient aussi sérieux que toi, il n'y aurait jamais d'accident. Ces grilles coûtent les yeux de la tête et les trois quarts du temps elles ne servent à rien parce que les ouvriers les bricolent . . . Quand tu seras patron, tu verras cela . . . les Assurances sociales, la Sécurité du travail, on ne s'en sort pas . . .

Busard détacha le carrosse du moule.

– Je connais ta fiancée, dit Morel.

Busard resta la main posée sur la grille levée et le regarda. Morel jeta un rapide regard sur lui, puis désigna du doigt l'intérieur du moule:

– La peau de chamois, dit-il.

Busard alla chercher la peau de chamois, sous le réservoir.

– Une brave petite, ta fiancée, continua Morel. Sérieuse, tête froide . . .* Vous arriverez.

Busard astiquait le moule.

– Un jour . . . si vous avez besoin d'un coup de main . . . on ne sait jamais, une traite à avaliser par exemple . . . pourvu que ce soit sérieux, hein! pensez au papa Morel . . .

– Merci, patron, dit Busard.

Il alla remettre à sa place la peau de chamois, baissa la grille . . . Morel s'éloigna du pas lourd de ses brodequins. Bien qu'il ne mît plus jamais les pieds dans la boue, il avait conservé l'habitude des souliers de chasse, son premier luxe, bien avant l'achat de sa première presse à injecter, quand il était encore tâcheron, avec deux compagnons.

Un peu plus tard, dans cette même matinée du samedi, passèrent Chatelard et un inconnu auquel il faisait visiter les ateliers. Busard supposa que l'inconnu était un ami politique du délégué. On avait distribué des tracts qui annonçaient une réunion politique pour le soir avec des délégués venus de Paris.

Les deux hommes regardèrent le calendrier épinglé en face de Busard et les notes ajoutées par le garçon au-dessous de *dimanche 18 novembre*. Chatelard parla bas à l'étranger. Busard supposa qu'il racontait son aventure. Il leva la grille, détacha les carrosses jumelés . . .

– C'est intéressant, dit Chatelard, à voix haute. La moitié seulement du calcul a été faite. Le moule a été cédé au rabais par une société américaine qui essaie de s'introduire à Bionnas. Le jouet est vendu quarante francs aux Comptoirs Généraux du Cameroun. Déduisons la force motrice . . . la matière première . . . l'amortissement de la presse . . . les frais généraux . . . je compte large . . .

Chatelard calculait mentalement aussi vite que le vieux Morel.

– En six mois, dit-il, le vieux a gagné plus de 500 000 francs sur le dos de ce garçon.

Busard coupa la carotte . . .

– J'ai gagné davantage, dit-il. Les 325 000 francs, c'est mon bénéfice net. Mais j'ai donné 500 francs par jour à mes parents.

– On nourrit aussi les chevaux, dit Chatelard.

Busard baissa la grille.

– Vos salades, dit-il, moi je m'en fous.* Demain à huit heures, je me tire . . .

L'inconnu interrogea Chatelard du regard.

– C'est un garçon qui veut *vivre aujourd'hui*, dit Chatelard.

Busard trancha, sépara, jeta . . . Les deux hommes s'éloignèrent.

– C'est une boîte dure? demanda l'étranger.

– Toutes les boîtes sont dures, répondit Chatelard. Le vieux t'expliquerait qu'il ne peut pas être plus généreux que ses concurrents . . . C'est un ancien ouvrier . . . En 36, il a voté Front populaire . . .* Pendant l'occupation,* il a donné des sous aux maquis . . . Tout récemment encore, il m'a fait porter par son fils 20 000 francs, pour la souscription en faveur de notre presse . . .

– Il ménage l'avenir . . .

– Ce n'est pas si simple. Il est resté *rouge*, comme on dit ici . . . Il lui arrive encore de venir boire un verre à l'Aube-Sociale. Les gars lui disent en riant: «Vieux renégat . . . toi, tu as fait ta révolution tout seul.» Il se rengorge, parce qu'il est fier d'avoir été plus fort que les autres. Mais il dit: «Mon vieux cœur continue de battre avec vous . . .» et cela aussi est sans doute vrai . . .

»N'empêche que si la boîte aussi n'est pas trop dure, c'est d'abord que le syndicat est fort . . .

– Le gamin aussi veut faire sa révolution tout seul, dit l'étranger.

– Mais aujourd'hui, ce n'est plus possible, dit Chatelard.

Pendant la pause de l'après-midi, Busard n'arriva pas à dormir. Il se tournait et se retournait sur les sacs de matière plastique, dans l'appentis. Finalement il se leva et vint se poster derrière le Bressan qui travaillait grille ouverte.

Le Bressan baissa, trancha, sépara, jeta. Busard lui offrit une cigarette et du feu en même temps. Le Bressan eut le temps d'allumer la cigarette. Le voyant rouge s'alluma, le moule s'ouvrit.

– Moi, dit le Bressan, en détachant les carrosses jumelés, j'ai fini demain à minuit.

– Moi à huit heures. Je viendrai te chercher. Je t'emmène au bal avec Marie-Jeanne et ma sœur.

– On va faire une de ces bringues, dit le Bressan.

Il trancha, sépara, jeta. Busard se dit que c'était trop bête de rester près de la presse pendant que l'autre était en train de travailler; il n'avait que trop de temps encore à passer là: quatre postes: seize heures-vingt heures, zéro heure-quatre heures, huit heures-midi, seize heures-vingt heures. Il alla jusq'à la porte de l'usine. Des nuages bas s'effilochaient sur les crêtes, du côté de Saint-Claude. Au coin de l'avenue Jean-Jaurès, un cycliste dérapa sur le pavé mouillé. Busard frissonna et rentra dans l'atelier.

Au passage, plusieurs ouvriers lui sourirent silencieusement. L'un d'eux cligna de l'œil, en lui disant:

– Demain, la classe . . .*

Il rentra dans l'appentis et essaya de lire un journal qui traînait, un grand quotidien de Lyon.* Cela ne l'intéressa absolument pas. Depuis qu'il avait quitté l'école, il n'avait jamais lu un livre ni même un journal, sauf l'*Equipe** et *Miroir Sprint*.* Il ignorait tout ce qui se passait dans le monde, sauf les choses du cyclisme, et quelques mots entendus presque malgré lui au cours des conversations à l'usine ou chez son père; encore fermait-il volontairement les oreilles à ces mots-là, reflets des «salades» avec quoi, croyait-il, on essayait de l'empêcher de gérer à sa guise sa propre vie. Marie-Jeanne de même. Ils se trouvaient l'un et l'autre ouvriers à Bionnas, ville ouvrière, où l'on s'était battu pour Sacco et Vanzetti,* d'où des volontaires étaient partis pour défendre l'Espagne républicaine,* dont les murs avaient été couverts d'inscriptions contre le général

Ridgway, ils se trouvaient l'un et l'autre aussi ignorants des événements de leur temps que Paul et Virginie* dans leur île. De telles singularités étaient encore possibles et même relativement fréquentes dans la France de ce temps-là.

L'attention de Busard fut un moment retenue par la rubrique sportive du journal tombé par hasard entre ses mains. Mais on n'y parlait pas de cyclisme. Il alluma une cigarette et s'efforça de ne penser à rien; c'est difficile. Il se mit à calculer malgré lui: encore 16 heures, 1400 carrosses, 2280 fois à manier la grille de sécurité, 8640 gestes à faire . . . Il retourna dans l'atelier.

A quatre heures moins le quart arriva Hélène qui apportait la collation. Marie-Jeanne l'accompagnait.

C'était la première fois que Marie-Jeanne venait à l'usine. Elle portait un imperméable bleu pâle, d'une matière presque transparente, à la mode. Elle s'avança dans l'atelier, un peu raide sur des talons hauts. Elle avait la bouche maussade. Elle détestait d'avance l'usine. La lumière froide des tubes fluorescents, les presses allongées comme de grands animaux, les moules qui s'ouvraient et se refermaient lentement, broyeurs de mains, elle le savait, c'était bien ce qu'elle avait toujours imaginé. Elle sentait tous les regards fixés sur elle.

Hélène, tellement plus à l'aise. Elle travaillait au tour, toute la journée, dans l'atelier paternel. Elle venait souvent à Plastoform, chercher les montures à polir. La plupart des ouvriers la tutoyaient. Elle était fiancée avec un mécanicien de l'atelier des moules.

– Tu es gentille d'être venue, tu es gentille, dit Busard à Marie-Jeanne. On touche à la fin. Tu vois que j'avais raison . . .

Les bans étaient publiés. Ils devaient se marier le dimanche suivant et dès le lendemain partir pour le snack-bar. Il savait tout cela, qu'il avait tant souhaité. Mais il n'arrivait pas à être joyeux. Il se demanda pourquoi.

– Je me sens comme au cinéma . . . dit-il. Ce doit être la fatigue . . .

Comme d'habitude, rien ne transparaissait sur le visage bien poncé de Marie-Jeanne.

Il croqua une tablette de chocolat. Hélène insista pour qu'il mangeât un sandwich.

– Non, dit-il, non, je ne peux pas.

C'était l'heure de relever le Bressan, qui s'en alla dans l'appentis où Hélène lui porta sa collation. Busard recommença de servir la presse. Marie-Jeanne resta à côté de lui, silencieuse.

Il commença tout de suite à suer. Il ôta la veste de son bleu et continua de travailler en tricot de corps. Il ne faisait pas tellement chaud dans l'atelier. Marie-Jeanne supportait très bien la veste de laine qu'elle portait sous son imperméable. C'était l'atelier le plus moderne de Plastoform et il était convenablement ventilé.

Busard continuait de suer. Les gouttes tombaient tout droit de la pommette, qui est saillante, dans le creux de l'épaule, et puis glissaient doucement jusqu'au maillot de corps qui les buvait.

– Je reviens dans un moment, dit Marie-Jeanne.

Elle sortit de l'atelier. à grands pas cette fois, et revint presque aussitôt avec un petit flacon d'eau de Cologne qu'elle était allée acheter chez le coiffeur le plus proche, au coin de l'avenue Jean-Jaurès.

Busard levait la grille, détachait le carrosse . . .

Elle versa de l'eau de Cologne sur son mouchoir de batiste ajouré par elle-même.

Busard trancha la carotte.

Elle passa doucement le mouchoir sur le front du garçon pour essuyer la sueur.

– Continue, dit-elle, continue . . .

Elle massa la tempe.

Il sépara les carrosses jumelés, les jeta dans la caisse. Le voyant rouge s'alluma. Il ne leva pas la grille, le moule ne s'ouvrit pas. La presse s'immobilisa.

Il lui mit les mains sur les épaules. Elle continua de masser la tempe. C'était la première fois qu'elle avait un geste de vraie tendresse.

– Mon pauvre grand, dit-elle.

Elle appuya un instant son front bombé, poli comme les beaux bois qui accrochent les lumières, contre le front mouillé du garçon.

Au fond de l'atelier, un ouvrier siffla. Un autre fit avec les lèvres le bruit d'un baiser. Busard retira ses mains des épaules de la jeune femme. Il leva la grille, détacha les carrosses jumelés . . .

Marie-Jeanne glissa le flacon d'eau de Cologne et le mouchoir dans la poche de Busard.

– A demain, dit-elle. A huit heures, je viendrai te chercher.

Hélène sortait de l'appentis, ayant laissé la collation au Bressan. Les deux jeunes femmes quittèrent l'usine ensemble.

Elles remontèrent côte à côte l'avenue Jean-Jaurès. Marie-Jeanne ne disait rien. Elle revoyait les épaules de Busard inondées de sueur, elle était bien plus émue que quand elle l'avait eu nu contre elle. A partir de maintenant, c'est à elle qu'il appartiendra d'essuyer sa sueur.

Elle prit le bras d'Hélène.

– Je suis heureuse, dit-elle avec élan.

Hélène fut surprise, ayant toujours connu Marie-Jeanne parfaitement maîtresse d'elle-même. Elle tapota gauchement la manche de l'imperméable posée sur son bras.

– Mais oui, ma belle, dit-elle, ma belle, ma belle . . .

A vingt heures, le Bressan vint relever Busard. Il donna une forte tape sur le cylindre.

– Charogne, dit-il à la machine.

Il frappa une seconde fois, une tape à assommer un bœuf. Mais la fonte est plus solide et ne vibra pas.

– Charogne, répéta-t-il. Demain, à cette heure-ci, ce sera mon dernier poste.

Busard fut surpris par le geste du paysan. Il n'avait pas encore pensé à haïr la presse.

Il ne put pas dormir davantage que pendant la pause précédente. Après s'être tourné et retourné sur les sacs pendant une heure, il flâna dans les usines. Seul le travail aux presses se poursuit pendant la nuit. Dans les ateliers d'assemblage, les objets gisaient sur les tables, dans la position où les avaient laissés les ouvrières quand avait sonné la sirène de vingt heures.

Sur une table, une pile d'hélicoptères s'allongeait devant une rangée de chaises vides. Il n'y avait que celui du bout qui portât tous ses ailerons. Autant de chaises que d'opérations, autant d'ouvrières que de chaises. Busard pensa comme ce devait être triste de coller toute la journée le même aileron sur le même pivot mobile, et comme il avait eu raison de prendre toutes dispositions pour fuir une ville où tout le monde semblait trouver raisonnables des occupations aussi absurdes.

Sur la table voisine, un poupon rose n'exigeait que deux chaises, deux opérations: collage des yeux bleus, assemblage du corps gauche et du corps droit. Le poupon nègre exigeait trois opérations, à cause des lèvres rouges, moulées à part.

Il tomba sur ses carrosses qui s'alignaient devant une ribambelle de chaises, à cause des quatre chevaux indépendants et du timon mobile. Les chevaux portaient une aigrette sur la tête. Ils étaient blancs. C'était la première fois qu'il voyait son travail achevé.

A onze heures, il alla trouver le Bressan.

– Je ne peux pas dormir . . . autant que je te remplace tout de suite . . . Je te réveillerai à trois heures, et je ferai un saut à la maison.

Il se mit au travail posément. Il pensait sans cesse:

«Il ne me reste plus que deux postes à faire après celui-ci . . . et après la prochaine relève, j'aurai cinq heures de repos au lieu de quatre.»

A minuit, l'arrivée des ouvriers du premier poste du dimanche mit un peu d'animation dans l'atelier. Plusieurs lui tapèrent sur l'épaule.

– C'est ton dernier jour, tu es verni.

Un gars lui dit:

– Le temps se lève. A huit heures, je m'en vais à la pêche. Le chevesne au sang.* En novembre, le chevesne ne veut plus que du sang.

Puis se rétablit le faux silence de l'atelier, avec au-dessous le chuintement des presses, leurs borborygmes, toute une rumeur de choses invisibles, comme dans la forêt, la nuit.

Busard détachait les carrosses jumelés . . . Le bruiteur de la presse entièrement automatique se mit à vibrer. Il laissa la grille ouverte et se dirigea vers la machine en détresse.

Il entendit derrière lui un bruit sourd, comme une bête qui choit dans l'eau.

Il se retourna brusquement. Il vit que le moule de la presse à carrosses venait de se refermer. La grille de sécurité était toujours levée.

Un frissonnement comme de la soie; le piston injecteur se mit en marche.

Busard pensa: «La presse est devenue folle.»

Il arrivait que les presses devinssent folles. Il suffisait d'un mauvais contact sur les liaisons électriques, pour dérégler l'enchaînement de leurs mouvements.

Busard se demanda combien d'heures allaient être nécessaires pour la réparation. Les mécaniciens n'arrivent qu'à huit heures du matin. Il dit à voix haute:

– La quille n'est pas pour demain . . .

Dans le même moment l'angoisse l'agrippa au creux de la poitrine.

Le bruiteur de la machine entièrement automatique continuait de vibrer. Il arrivait que la folie parût se communiquer d'une machine à l'autre; la loi des séries,* comme à la roulette.

Le voyant rouge de la presse au carrosse s'alluma. Le moule s'ouvrit.

Busard attendit sans bouger.

Le moule se referma. Busard s'écarta vivement.

Si la machine était vraiment devenue folle, le piston allait se remettre en marche. Or la matrice était déjà pleine. Donc la matière en fusion allait jaillir par le joint entre le moule en plein et le moule en creux. C'était toujours le piston qui était le plus fort, mû par une pression de plusieurs milliers de kilos.

Le piston ne bougea pas.

Donc la machine n'était pas folle. C'était seulement le système de sécurité qui ne fonctionnait plus. Quand on levait la grille, le courant continuait de passer. C'était tout.

Busard pensa qu'il avait probablement oublié de replacer le coupe-circuit.

Il alla au plus pressé, à la machine entièrement automatique qui continuait d'appeler au secours. L'injecteur était obstrué par un téton; il le dégagea, puis gratta la matière qui avait collé au moule. Il rétablit le courant, la machine se remit en marche et les gobelets du même bleu que les yeux de Marie-Jeanne recommencèrent de glisser sur le plan incliné.

Busard avait perdu dix minutes. Soixante carrosses de moins s'étaient inscrits au compteur de la presse. S'il perdait encore du temps, même une minute, il risquait l'amende. Pour compenser l'amende, il devrait faire un poste de plus. La *quille* ne serait pas pour demain.

Il déclencha la manette maîtresse, ouvrit le moule par le dispositif à main, retira les derniers carrosses mouleés, renclencha.* Le moule se referma, le piston se remit en route.

Busard travaillait maintenant grille levée.* «Je ne me rappelle pas ne pas avoir rétabli le coupe-circuit, se disait-il. Je ne me rappelle pas non plus l'avoir rétabli. Peut-être l'ai-je rétabli, mais il ne fonctionne plus. Est-ce possible qu'il ne fonctionne pas? Les courants électriques sont sournois; ils finissent toujours par passer quelque part. Ce qui est sûr, c'est que le courant passe, même quand la grille est levée. J'ai pourtant rétabli le coupe-circuit. Non, je ne l'ai pas rétabli. Oui, je l'ai rétabli. Je ne sais plus.»

Il détacha, trancha, sépara, jeta, guetta le voyant.

Le petit temps gagné, à ne pas lever et baisser la grille, lui fit le même effet que quand on pose un fardeau. Il était plus léger, il respirait mieux. Mais il pensait: «Je dois arrêter la presse et remettre le coupe-circuit.»

Il sentait cela très vivement. Il savait tout du danger de travailler sans dispositif de sécurité. Rien qu'à y penser, il sentait dans sa main le broiement du moule qui se referme. Mais il se dit aussi:

«Si je replace le coupe-circuit, je perds plus d'une minute, j'ai l'amende et je n'aurai pas fini demain à huit heures.»

C'était absurde. Qu'il fabrique 201 780 carrosses au lieu de 201 960, qu'il gagne 324 700 francs au lieu de 325 000, cela ne pouvait plus rien changer à son destin. Il aurait même pu quitter l'atelier immédiatement. Il avait déjà gagné la caution exigeè par le propriétaire du snack-bar. Le calcul n'était pas à quelques centaines de francs près. Mais c'était la dernière chose qu'il pût avoir la présence d'esprit de penser. Depuis six mois et un jour, tout son comportement était réglé sur un but unique: fabriquer 201 960 carrosses-corbillards, en 2244 heures de travail, pour gagner 325 000 francs. S'il avait conçu qu'il était possible de transgresser, il y a longtemps qu'il aurait déclaré forfait. Il se dit encore: «Si j'ai replacé le coupe-circuit, c'est le système qui est détraqué. Je *dois* stopper, attendre huit heures du matin, attendre que les mécaniciens aient réparé, attendre combien d'heures? combien de jours?»

Il trancha, sépara, jeta, guetta que le voyant s'allume, détacha les carrosses jumelés . . .

«Je vais me faire pincer les doigts. Je ne dois pas me faire pincer les doigts.»

Il mit une extrême attention dans son travail.

Le moule restait ouvert dix secondes. La main ne restait engagée dans le moule que quatre secondes.

Il accéléra le mouvement. C'était le plus sûr. Il compta les secondes à haute voix. Il parvint à détacher les carrosses en trois secondes, puis en deux secondes et demie. Il se gagna ainsi une marge de sécurité de sept, puis de sept secondes et demie.

S'il avait eu la petite boîte de maxiton que naguère il laissait toujours dans la poche de son bleu . . . Mais depuis la nuit chez Jambe d'Argent, il s'était interdit de reprendre du maxiton. Il avait attribué à l'excès de maxiton la fringale qu'il avait eue, après le premier verre de rhum, d'en boire coup sur coup beaucoup d'autres. Il avait souffert de maux de tête pendant deux jours . . .

Maintenant, il regrettait amèrement d'avoir jeté la boîte de maxiton dans le massif d'hortensias, devant le baraquement de Marie-Jeanne.

Il compta de nouveau les secondes. Il continuait de détacher les carrosses en deux secondes et demie, trois secondes . . .

Il pensait aussi que la vivacité du geste et l'extrême attention qu'il exigeait, contribueraient à l'empêcher de s'endormir. Il essaya de se maintenir au même rythme, mais sans compter les secondes, sur le mouvement acquis.

Il regarda la grande horloge: une heure dix. Il réveillera le Bressan à trois heures.

Quand il regarda à nouveau l'horloge, elle marquait deux heures moins dix. Il compta à haute voix le temps que la main demeurait dans le moule: quatre secondes. Il dépassait même légèrement les quatre secondes.

Il pensai «Je vais me faire pincer les doigts.»

Il espéra une diversion; par exemple que la presse entièrement automatique se dérangeât à nouveau. Il guetta le déclenchement du bruiteur. Cela dura un bon moment. Il regarda de nouveau l'horloge: deux heures cinq. Il compta: sa main resta tout près de six secondes dans le moule.

Il pensa: «C'est absolument sûr que je vais me faire pincer les doigts.»

Il espéra qu'un autre ouvrier se ferait pincer les doigts avant lui. Il entendra le cri. Il lâchera la presse pour se précipiter au secours de l'autre. Dans ces cas-là tous les ouvriers de l'atelier abandonnent leurs presses et courent au secours du blessé. Il fera comme les autres. Le temps que la voiture ambulance arrive, l'horloge marquera trois heures. Sauvé.

Il regarda l'horloge: deux heures vingt-cinq. Il compta: sa

main restait six secondes et demie dans le moule. Il trancha la carotte, sépara les carrosses. Il dit à voix haute:

– Assez plaisanté!

Il jeta dans la caisse les deux carrosses symétriques. Il décida: «Je vais replacer le coupe-circuit . . . Sauvé!» Le voyant rouge s'alluma. Il détacha, trancha, sépara, jeta, détacha, trancha . . .

L'horloge marqua deux heures quarante-deux. Il poussa un cri. L'ouvrier de la presse la plus proche se trouva tout de suite près de lui. La main était engagée jusqu'au poignet dans le moule fermé.

Busard avait la bouche grande ouverte, comme pour hurler, mais aucun bruit n'en sortait. L'ouvrier passa les mains sous ses épaules pour le soutenir.

Le moule s'ouvrit. Busard s'affaissa contre la poitrine de l'ouvrier.

Les autres accouraient. L'un d'eux était déjà au téléphone. Le Bressan dormait toujours.

La main tout entière était broyée. Une pression de plusieurs milliers de kilos. Des brûlures jusqu'au coude: un volume de matière en fusion exactement égal à celui de la chair et des os qui emplissait le moule avait fusé par les joints.

On lui fit un garrot. L'ambulance arriva. Les autres ouvriers retournèrent à leurs presses.

8

Le voyageur qui passe par Bionnas s'arrête quelquefois au café qui porte l'enseigne *Au Petit-Toulon*.

Des joueurs de tarot,* jeu de cartes fort pratiqué dans les monts du Jura, occupent habituellement une table d'angle, au fond de la salle. L'un des joueurs est manchot. Un instrument d'acier nickelé, qu'on devine fixé au moignon, mi-pince, mi-crochet, sort de la manche: il y tient ses cartes étalées en éventail. Les autres joueurs se renouvellent selon les heures de la journée. Mais le manchot est toujours là, assis sur la banquette, à la place d'angle. Il joue au tarot depuis l'ouverture du café jusqu'à la fermeture, qui se fait parfois tard. C'est Bernard Busard, patron de l'établissement.

De temps en temps, il frappe sur la table de marbre avec l'instrument d'acier fixé à son moignon. Marie-Jeanne, sa femme, la patronne, accourt.

Busard dit en très peu de mots ce qu'il a à dire.

– Le client du six* a réclamé de payer.

– J'y vais, répond Marie-Jeanne.

– La pression de la bière baisse.

– Je descends à la cave.

– Le père Venay a envie de rigoler. Pourquoi lui fais-tu une figure d'enterrement?

– Je vais essayer d'être aimable.

– Souris!

– Oui, dit Marie-Jeanne.

Busard tape un petit coup sec sur le marbre de la table, avec sa main d'acier. Les autres joueurs ont l'air gêné. Marie-Jeanne file.

Le plus souvent c'est pour commander à boire qu'il tape sur la table.

– Une autre tournée!

– Bien, dit Marie-Jeanne.

– C'est la même chose? demande-t-elle aux autres joueurs.

Ils répondent ceci ou cela. Pour Busard c'est toujours du rhum. Il en boit depuis le matin jusque tard dans la nuit. Apparemment, il n'est jamais ivre. Mais ses yeux paraissent se rapprocher à mesure que la journée s'avance. Cela lui donne l'air sombre et méchant.

Marie-Jeanne est nette et propre, toujours exactement *poncée*, comme par le passé.

Un jour – c'était six mois après qu'ils eussent acheté le fonds – j'ai demandé à Busard pourquoi il était si dur avec sa jeune femme.

– C'est une putain, m'a-t-il répondu.

J'ai protesté. Il m'a coupé sèchement.

– Je sais ce que je dis.

Et il a annoncé ses cartes.

Il m'a fallu revenir maintes et maintes fois sur la question, et par des biais variés, pour obtenir qu'il s'expliquât.

Après l'accident, le propriétaire du snack-bar était revenu sur son engagement. La clientèle de la nationale N° 7 n'aime pas être reçue par un manchot. Et comment Busard aurait-il servi avec un seul bras? C'était Marie-Jeanne qui était allée à Lyon, pour lui porter les 325 000 francs.

– Mais je ne veux pas, avait-il dit, abuser de la triste situation où se trouve votre fiancé . . .

Et malgré le contrat qui prévoyait dédit, il avait rendu les 375 000 francs déjà versés.

Marie-Jeanne était donc revenue à Bionnas avec 700 000 francs. Busard était encore à l'hôpital. Les brûlures de l'avant-bras s'étaient infectées; il avait de la fièvre; il répétait:

– J'y ai laissé mon bras, mais je me tire . . .*

Il se rappelait l'histoire apprise à l'école, d'un renard qui s'était amputé d'une patte, en la rongeant, pour échapper d'un piège. Il délirait:

– Je suis un fameux renard!

Marie-Jeanne lui avait caché l'échec de sa démarche.

Dans le même temps Jambe d'Argent avait fait savoir qu'il voulait quitter Bionnas, champ trop étroit pour le talent qu'il se croyait d'organiser les fêtes de la nuit; il avait trouvé un bistrot à acheter à Paris, dans le voisinage de la Bastille.* Il mettait le Petit-Toulon en vente pour 2 millions, dont 800 000 francs comptant.

Tout le monde s'était entremis, y compris les Morel, le père et le fils, pour que Jambe d'Argent abaissât ses prétentions, et que Marie-Jeanne pût acquérir le fonds. Deux millions au demeurant était un prix élevé par rapport au chiffre d'affaires du Petit-Toulon.

Jambe d'Argent était resté ferme sur ses prétentions toute une semaine, et puis avait soudain cédé. Marie-Jeanne avait acquis le café pour 700 000 francs comptant et un million en traites échelonnées sur deux ans.

Quand l'acte de vente avait été signé, Busard n'avait plus de fièvre. Une période d'abattement avait succédé. Marie-Jeanne lui avait expliqué ses marchandages successifs, sans donner trop de détails. Il n'avait réagi d'aucune manière. Ce qui l'avait surpris, à la réflexion, ç'avait été que Marie-Jeanne eût accepté de rester à Bionnas.

Ils s'étaient mariés dès que Busard était sorti de l'hôpital et avaient aussitôt pris possession du Petit-Toulon.

Busard avait remâché des pensées mortifiantes. Il s'était persuadé que toute la ville se moquait de lui. Le gars qui voulait *vivre aujourd'hui*, le petit crâneur qui avait trouvé une astuce pour *se tirer*, il y avait perdu le poing, et le voila vissé pour toute la vie à Bionnas, et patron de bordel. Il se trompait complètement; on le plaignait tout simplement. La mauvaise réputation qu'avait eue le Petit-Toulon du temps de Jambe d'Argent l'humiliait tellement que dès qu'une jeune fille riait un peu fort, il la mettait à la porte. Il s'approchait de la table, tapait deux petits coups secs avec sa main d'acier:

– Allez, ouste! Et pas la peine de revenir. Ici, ce n'est pas un bobinard.*

Les garçons qui accompagnaient la jeune fille n'osaient rien dire, parce qu'il avait l'air terrible, parce qu'on ne peut pas se battre avec un manchot, et aussi parce qu'on avait pitié de lui. Mais ils ne revenaient plus.

Il avait également mis à la porte Juliette Doucet. Peu de temps après, elle avait quitté Bionnas, en compagnie d'un voyageur de commerce. On la rencontre maintenant dans les bars de nuit de Lyon. Elle a déjà perdu l'éclat qui faisait penser à une montagne au printemps.

Busard portait des sandales à semelles de corde; et les premiers temps qu'il avait été patron du bistrot, avant qu'il se fût mis toute la journée à jouer aux tarots, il surgissait silencieusement derrière les tables, ou derrière le bar, à l'improviste, essayant d'entendre des fragments de conversation.

C'était ainsi qu'il avait surpris une dispute de Marie-Jeanne et de Jules Morel. Marie-Jeanne se tenait debout derrière le bar, Jules Morel devant, penché au-dessus du *zinc*.

– . . . Ensuite, je te foutrai la paix,* avait dit Jules Morel.

– Non, avait répondu Marie-Jeanne.

– Jamais une femme ne m'a coûté aussi cher . . .

– Il fallait réfléchir.

– Et si je te réclamais toute la somme d'un seul coup?

– Je n'habite plus la Cité et le bar n'est pas à mon nom.

– Je peux mettre ta mère à la porte.

– Essayez voir!

– Garce!

Jules Morel était parti sans avoir vu Busard.

– Tu as couché avec lui pour qu'il donne pour l'achat de la boîte les 300 000 francs qui manquaient . . . Je n'ai jamais cru que Jambe d'Argent avait abaissé ses prétentions rien que pour me faire plaisir . . .

Marie-Jeanne avait nié avec obstination. C'était vrai qu'elle devait trois ans de loyer de son baraquement à la Cité Morel. Mais elle n'avait jamais couché avec le vieillard. Elle avait promis, mais elle n'avait pas tenu sa promesse; c'était pourquoi il venait lui faire des scènes.

– Il a dit: «Une fois encore et je te foutrai la paix» . . .

– Il a dit: «Une seule fois» . . . C'est ce que je lui refuse.

– Tu as fait de moi un maquereau!

Marie-Jeanne niait et niait encore. La discussion avait duré des jours et des nuits. C'était depuis ce moment-là que Busard traitait durement Marie-Jeanne.

J'interrogeai Cordélia. Elle avait eu, depuis l'accident, plusieurs conversations avec son amie, quoique Busard vît d'un mauvais œil leurs conciliabules, et les interrompît sous prétexte d'exiger ceci ou cela de sa femme.

– Marie-Jeanne n'a jamais rien eu avec le vieux Morel, affirma fermement Cordélia.

– Faisons les comptes, dis-je, puisque c'est notre manière de vérifier l'intégrité de nos amis.

Marie-Jeanne avait versé 700 000 francs comptant; nous connaissions l'origine de ces 700 000 francs; rien de trouble là-dedans. Elle avait signé des traites pour un million; le fonds de commerce faisait garantie; rien que de normal. Mais pourquoi Jambe d'Argent avait-il tout à coup renoncé aux 300 000 francs qu'il avait d'abord exigés avec tant d'âpreté? Voilà qui me paraissait suspect, tout comme à Busard.

– Il a eu bon cœur, dit Cordélia.

– Je ne le croirai jamais.

Je croyais Jambe d'Argent capable de dépenser 300 000 francs dans une nuit, de les jouer et de les perdre, à la rigueur de les donner à trois heures du matin à quelqu'un qui lui rappellerait ce qu'il avait été dans sa jeunesse, mais d'y renoncer devant notaire,* jamais.

– Je fais confiance à Marie-Jeanne, s'obstinait à répéter Cordélia. Elle ne m'a jamais menti.

– Vous chuchotez trop souvent.

– Affaires de femmes . . .

Elle me rappela notre ancienne conversation:

– Nous sommes comme les boys.* Nous avons des secrets qui ne concernent pas les Blancs.

– Précisément. Tu me mens aussi. Tu ne veux pas trahir Marie-Jeanne.

Nous reprenions les mêmes arguments, je ressentais les mêmes doutes, le débat n'en finissait pas.

Le premier dimanche de mai 1955, le Bressan, qui faisait son service militaire, obtint une permission et vint courir le Circuit de Bionnas, qu'il gagna; il savait maintenant se servir de son dérailleur.

Nous passâmes le début de la soirée avec lui au Petit-Toulon. Il n'était pas encore ivre. Cordélia le prit à part et ils eurent une longue conversation. Cordélia parlait avec beaucoup d'animation; elle paraissait poser des questions; il répondait en peu de mots, d'un air embarrassé; il rougit à plusieurs reprises. Il commanda à boire; elle l'empêcha de toucher à son verre. Elle semblait insister et lui se dérober.

– Tu as tout l'air du Grand Inquisiteur,* criai-je à Cordélia.

Soudain elle nous appela, Busard et moi.

– Raconte, dit-elle au Bressan.

Il expliqua que c'était lui qui avait donné à Jambe d'Argent les 300 000 francs qui manquaient à Marie-Jeanne. Dans l'heure qui avait suivi, il était parti à bicyclette pour son village, afin d'y dépenser joyeusement, avant d'être *appelé militaire*, les 25 000 francs qui lui restaient. Avait-il demandé un reçu? Bien sûr. Pouvait-il nous montrer le reçu? Il ne savait plus ce qu'il en avait fait; sans doute l'avait-il mis dans le tiroir de la table de ferme, chez ses parents; il cherchera, quand il retournera chez lui. Pourquoi avait-il donné ces 300 000 francs?

– Bernard est mon copain.

Pourquoi Jambe d'Argent n'en avait-il rien dit?

– Je lui ai demandé de n'en rien dire. Il suffisait que j'aie le reçu.

Pourquoi avait-il demandé le secret à Jambe d'Argent? Pourquoi s'était-il enfui sans rien dire?

– Ça ne regardait que moi . . .

Il s'obstinait à ne pas donner davantage d'explications. Busard le regardait soupçonneusement. Moi non plus, je ne le croyais pas sans réserve.

Quand nous fûmes seuls, je demandai à Cordélia:

– M'expliqueras-tu pourquoi il n'a pas remis l'argent à Marie-Jeanne? Pourquoi il s'est sauvé, comme s'il avait volé ces 300 000 francs, au lieu d'en avoir fait cadeau à son *copain*?

– Parce qu'il était honteux.

– Il me semblerait plus normal qu'il se fût pavané.

– Il était honteux parce que, selon sa morale à lui, il aurait dû consacrer l'argent qu'il venait de gagner, comme par miracle, à acheter les bœufs et les vaches dont son père avait besoin, et dont il aurait lui-même besoin par la suite.

»Il craignait aussi de paraître bête. Selon sa conception de l'intelligence, on ne gaspille pas 300 000 francs sur un élan du cœur.

– Bien sûr, dis-je, bien sûr . . .

Busard refusa de croire au récit du Bressan. Il resta persuadé que Cordélia lui avait soufflé ce qu'il devait dire. Il continua de maltraiter Marie-Jeanne.

Au moment où j'achève d'écrire ce récit, on me dit que depuis trois mois les traites souscrites à Jambe d'Argent n'ont pas été honorées. Je n'en suis pas surpris, la maussaderie de Busard ayant peu à peu découragé les clients. Mme Lemercier vient de confier à Cordélia que son gendre songe à mettre le fonds en vente et à reprendre du travail à l'usine; avec un peu d'entraînement on peut servir une presse à injecter avec une seule main; Jules Morel accepte qu'il en fasse l'essai. Marie-Jeanne a perdu sa clientèle de lingère; mais Paul Morel lui offre une place dans les ateliers d'assemblage; «elle sera moins esclave que dans le commerce».

Ils vivront tous les trois dans le baraquement de la Cité Morel, que la mère a eu la sagesse de ne pas abandonner pour un logement plus petit. Busard gagnera maintenant 190 francs de l'heure, une grève déclenchée dans le mouvement d'indignation qui avait suivi sa mutilation ayant abouti à une nouvelle augmentation de dix francs.

Il touche aussi sa pension d'invalidité du travail.

– Nous serons pas mal à l'aise, dit Mme Lemercier.

NOTES TO THE TEXT

For words and phrases not explained in these Notes, the reader is referred to the Collins-Robert *French-English, English-French Dictionary*. For place names, see Map, p. 60.

Page

59   **325 000 francs:** approximately £330 at 1955 values, when the average wage in France was about £43 per month.

61   **le col de la Croix-Rousse:** a fictional name, though la Croix-Rousse is the name of the hillside district in Lyon where Vailland made his second break with drugs in 1942. There is a Place de la Croix Rousse in Oyonnax.

    fédérations: Sports clubs in France are grouped in departmental 'federations' for each sport. The talent scouts mentioned here, however, would represent commercial teams, not federations.

    Paris-Lille . . . : Paris-Roubaix (not Lille) and Bordeaux-Paris are important professional races, lasting one day; the other two are stage races.

    Bionnas: in reality, Oyonnax, 'Premier centre du monde pour la transformation des matières plastiques' (*Nouveau Petit Larousse*, 1958). See Map, p. 60.

    l'odeur d'anis: from pastis, a popular apéritif.

62   **Montrouge . . . :** working-class suburbs of Paris.

Page

calibre: gauge, grade (of stockings).

faire chanter: to bring out, highlight.

Etablissements Plastoform: Busard's workplace is fictional; its chief model in reality was Injectaplastic, one of the principal plastics factories in Oyonnax.

service militaire: In 1954 the period of National Service in France was two years.

63   **l'Etoile cycliste de Bionnas:** a (fictional) cycle club.

la Cité Morel: see note to p. 108.

Petit-Toulon: a fictional name.

la permanence: headquarters, meeting-place.

Jambe d'Argent: The irony of this name becomes apparent at the end of the novel.

bordelier: brothel-keeper.

64   **te poussent au cul:** are trying to make you go faster.

65   **mène à sa demande:** do as he does.

reste en rade: falls behind.

66   **Le Circuit de Bionnas:** The event itself is imaginary, as are some of the place names (see Map, p. 60).

67   *la grande boucle:* This term is also used to describe the Tour de France.

Rodrigue, as-tu du coeur?: the much-quoted words of Don Diègue in Act I, Scene 5 of Corneille's *Le Cid*, summoning his son to avenge an insult.

Le huit: This is le Bressan.

68   **Vedette:** a car made by Simca.

Un Bressan: La Bresse is an agricultural region in the Ain *département*.

Il a pris deux minutes: He's two minutes ahead.

69   **Forza:** Come on!

73   **un braquet moyen:** a medium gear.

74   **le grand braquet:** top gear.

l'avant-dernier braquet: the lowest gear but one.

L'autre pleure après la prime: He (le Bressan) is after the bonus.

Page

75 **Les fascistes:** Led by Mussolini, the Fascists ruled Italy from 1922 to 1943.

pédaler court: in low gear.

77 **Littré:** Emile Littré (1801–81) compiled a six-volume dictionary of the French language which became a standard work of reference, not least for Vailland.

78 **la bataille de la Marne:** In September 1914 the French army under Marshal Joffre halted the German advance on Paris.

79 **Le coup de pompe:** He's tired out.

rentra dans sa roue: caught up (with Busard) again.

Il se vide: He's exhausted.

81 **Le pavé:** cobblestones (instead of tarmac).

82 **en éventail:** This formation offers the least wind resistance.

Ce sont toujours les plus forts qui gagnent: This thought, which the narrator here keeps to himself, is repeated exactly on p. 93 in Marie-Jeanne's pessimistic reflections on Busard's hopes for the future.

84 **qui revenait en bolide:** hurtling back into the race.

85 **Au sprint:** On the last lap (in the stadium). The possibility of a late victory by le Bressan was hinted at on p. 77.

87 *Plaisirs de France* **[sic]:** *Plaisir de France* is a glossy monthly publication devoted to the arts.

jours: hemstitch work.

88 **votre ami:** your lover.

89 **L'esclave croit éternelle . . . :** See the discussion between the narrator and Cordélia, pp. 136–8.

Ce fut ainsi que je pus reconstituer . . . : Apart from this reference, Vailland is not normally concerned to justify the narrator's sources of information.

90 **Il faudrait bien voir cela!:** No way!

Sacrée Cordelia!: Trust you to say that!

91 **ils se disaient vous:** Their code is unusual in that they alternate between the two forms of address, and signifi-

Page

cant in that they use the familiar *tu* only outside any emotional or intimate context.

92   **Alcyon:** a French manufacturer of racing cycles.

le grand Bobet: Louison Bobet, winner of the Tour de France in three successive years (1953–5). With the money earned as a professional cyclist, he built up extensive business interests, including sanatoria.

Robic: Jean Robic, winner of the Tour de France in 1947 (not 1948).

Un Jurassien: someone from the mountainous Jura region, north and east of Oyonnax.

93   **Ce sont toujours les plus forts qui gagnent:** See note to p. 82.

je tire, tu pointes: *tirer* – to aim to knock away the opponents' *boules*; *pointer* – to aim for the jack.

95   **il se cachait . . . et guettait sa fenêtre:** A similar scene is related on pp. 160–1.

97   **qu'il lui fasse un gosse:** that he'll make her pregnant.

une commère: an old woman (who knew everything about women's problems).

Bionnas, dont la population s'est augmentée: The population of Oyonnax was about 10,000 in 1955, and about 20,000 in 1964.

100   **de régiment:** from National Service days.

102   **bouilleurs de cru:** The right to distil a certain quantity of alcohol, free of tax, has long been a jealously guarded privilege of the French peasantry.

Noa: a type of vine from which it is no longer permitted to make wine for sale, for the reasons given in the text.

103   **floraison:** brief spell of freedom.

courses de canton: local races. Each *département* in France comprises four *cantons*.

mais plus pour la boisson: except for drinks.

104   **C'est à voir:** Maybe.

à raison de trois postes: in three shifts.

d'en assurer le service: to operate it.

Page

106   **pendant que je ferai le zouave:** while I'm on the loose.
A *zouave* was an infantry soldier in the French army in
Algeria.

    bringuer: to go on a spree.

    demandait Paul Morel. Il fermait la porte: The tense
suggests that this scene occurred more than once.

    cinq billets: five quid (5,000 francs, of which he gives
back only 2–3,000).

    Le paternel a encore râlé: The old man's been making a
fuss again (about his son's free-spending habits).

    Auvergne: a province in the Massif Central.
Auvergnats have the reputation in France of not spending their money easily.

107   **une Rhénane:** a woman from the German west bank of
the Rhine, occupied by France from 1919 to 1930.

    Düsseldorf: industrial city on the east bank of the
Rhine.

    trois huit: three eight-hour shifts per day.

108   **ouvriers à façon pour la finition:** workers who put the
finishing touches to mass-produced articles.

    acheter des bâtiments et du terrain: Property and land
are traditionally the first choice of French people with
money to invest.

    la Cité Morel: la Cité des Geilles, south of Oyonnax,
was similar to the one described here; it was demolished
in the 1960s.

    à la turque: with no WC pedestal.

109   **école régionale d'arts et métiers:** technical school.

110   **Je ne pense q'à ça:** Don't I know it.

    tu fous la vérole: you're causing trouble.

111   **pas de fond:** no staying-power.

    il s'était *fait*: compare, in English, 'a self-made man'.

113   **deux parties, l'une mâle, l'autre femelle:** the convex
and concave parts of the machine, respectively. Similarly, *le moule en plein* and *le moule en creux* refer to
the two parts of the mould.

Page

114   **le réseau à jours octogonaux:** the octagonal-patterned mesh.

115   **un carrosse Louis quatorzième:** in a style from the reign of Louis XIV (1643–1715).

116   **c'était une idée de Paul Morel:** The suggestion is that, whereas Jules Morel was a true innovator, an *entrepreneur*, his son merely plays with the business.

117   **Le regard perdu:** Staring vacantly into space.

120   **Anar:** Anarchist. Spoken by a Communist, the word is even more pejorative than when uttered by a member of the bourgeoisie.

     Front populaire: In 1934–5, faced with the growing Fascist threat, the PCF formed a coalition with the Socialists and Radicals which won the elections of May 1936. In June a government of Socialists and Radicals, supported by the PCF, was formed amidst immense popular enthusiasm, with many workers on strike and occupying their factories. Many of the reforms of the Popular Front government were nibbled or swept away between 1938 and 1940, but 1936 has joined 1789, 1793, 1848, and 1871 as one of the beacons in the history and mythology of the French left.

     les Croix de feu: members of an ultra-nationalistic association of ex-servicemen which was dissolved in 1936.

     la Libération: When Hitler's Germany was defeated in 1945, the PCF allowed its groups, the most highly organized and heavily armed in the Resistance movement, to be disarmed and disbanded.

     l'Aube-Sociale: The premises of 'l'Aurore sociale' in Oyonnax house a Co-op store and the local PCF headquarters.

     Lénine, réfugié en Suisse: Lenin spent most of the years 1903–17 in Switzerland.

121   **Ton père a une tête de cochon:** Your father's an obstinate old bastard.

Page

123 **droit 'au pain et aux roses':** 'Bread and roses' was the slogan of girl millworkers on strike in Massachusetts in 1909.

124 **faits d'une bonne matière:** worth something.

126 *ceinture:* that's the end of them.

127 **le vieillard, ruiné par une fille:** one is reminded of Balzac's *Père Goriot* and his two daughters, whom his fellow-boarders take to be his mistresses.
Un vittel fraise: Mineral water with a dash of strawberry syrup.
petites facilités: life's little pleasures.
poigna: usually 'poignarda'; compare with 'poignant' in English.

128 **ravisement:** change of mind.

130 *Je t'aime bien:* I'm fond of you.

135 *knock-down:* usually 'knock-out'; beaten, flattened.
le talon . . . fait reçu: the counterfoil is valid as a receipt.

136 **le jeu maître:** the upper hand.

137 **Hegel:** G.W.F. Hegel (1770–1831), 'the Aristotle of modern times'. His philosophy embraces all knowledge and experience in a single system; his concept of the dialectic was crucial in the formation of Marx's ideas on dialectical materialism.

> Celui qui détient un pouvoir sur des hommes les méprise nécessairement. Le mépris engendre nécessairement une servilité plus grande, qui permet un pouvoir plus absolu, et se crée un processus – s'il n'est freiné par la loi – qui aboutit au rapport tout nu du maître et de l'esclave, tel qu'il a été défini par Hegel. (Roger Vailland, unpublished fragment, Moscow, May 1956.)

N'Guyen: the Vietnamese equivalent of Smith in England or Dupont in France.

Page

le Vietminh: abbreviated name of the League for the Independence of Vietnam, founded by Ho Chi Minh in 1941.

Baudelaire, Rimbaud, Desnos, Prévert: four poets expressing, in widely differing ways, revolt against the established order.

138 **la dialectique du maître et de l'esclave:** another reference to Hegel. Vailland uses the term 'dialectics' to describe a clash of opposites (master–slave, Europeans–Vietnamese, men–women); for Marx, this clash of forces was important in so far as it could (be made to) lead to the emergence of a new and better state of affairs, transcending the old one.

machine électrique: electric sewing-machine.

140 **Saint-Just et Robespierre:** examples of men who showed vision and a sense of purpose in a revolutionary situation, but not before.

la Simca: a car made by the Société industrielle de mécanique et de carrosserie automobile.

la traction: 'La traction avant' was a famous series of front-wheel drive cars made by Citroën between 1934 and 1957.

141 **exactement poncé:** neatly made up.

rondes-bosses: modelled figures.

Un rire plaisant: Compare the description, p. 159, of Juliette's laugh.

142 **établissements de nuit:** night-clubs.

une quatre chevaux: a small rear-engined car, introduced in 1947 by the newly nationalized Renault company.

143 **Les jeux sont faits:** It's too late to back out now.

Qu'est-ce qu'ils me veulent donc?: Why are they all after me?

145 **fête patronale:** village fair.

la gloire cantonale: local fame. See note to p. 103.

146 **travailleuse au tour:** lathe operator.

Page

certificat d'études: examination taken by those who left school at 14.

edelweiss: mountain flower, found only above 2,000 metres.

Chamonix: winter sports resort at the foot of Mont Blanc.

la ville de Strasbourg: Eight statues around the place de la Concorde represent different French cities; 'Strasbourg' is near the Palais Bourbon, seat of the lower house of the French parliament.

147 **la défense de la laïcité:** before and after the separation of church and state in 1905, the quarrel between them centred on education.

les lois républicaines: the anti-clerical legislation of the Third Republic.

148 **Les six-fois-quatre:** six four-hour shifts per day.

149 **bruiteur:** alarm signal.

150 **les *Temps modernes:*** Chaplin's film *Modern Times*, made in 1936, satirizes the soul-destroying nature of work on a semi-automated production line.

la maison: the firm.

maxiton: a make of pep-pill.

les années 1948; about 1948.

152 **elle ne chasse pas dans les vieux:** she doesn't go for old men.

elle fait marcher mon père: she's stringing my father along.

par la même occasion: as well, into the bargain.

elle ne lui donne pas ça: he gets damn all out of her.

153 **Qu'est-ce que je fous la?:** What the hell am I doing here?

154 **Vous avez loupé le coche en 36 . . . en 44:** You (the Communists) missed the bus (the chance to change the regime) in 1936 and in 1944. See notes to p. 120.

155 **comme après la Commune:** in the spring of 1871, after the defeat of France in the war with Prussia, a revolu-

Page

tionary government, la Commune de Paris, was set up, but was soon mercilessly crushed by the troops of the provisional French government, based in Versailles. This battle, and the resultant repression and reprisals against the *communards*, cost over 20,000 lives; thousands more were deported to the colonies.

le délai d'arrivée: the time within which he must reach the finish.

156 **chaque seconde morte:** each second wasted.

157 **la *vogue:*** local name for 'la fête patronale'. See note to p. 145.

Mort pour mort: Busard realizes that at this precise moment he is both wasting his time and delaying his release from the press ('l'échéance de vie').

159 **Son rire sans retenue:** Compare the description of Marie-Jeanne's laugh, p. 141.

161 **Je ne lui fais pas dire:** He said it himself.

162 **Qu'est-ce que je viens faire là-dedans?:** Where do I come in?

Voilà ta reconnaissance!: There's gratitude for you!

la suppression du temps de repos: This change comes when Busard and le Bressan are only a fortnight away from the end. Compare the description on p. 67 of the Circuit de Bionnas, which 'touche à son point culminant quand les coureurs ... sont à bout de force'.

168 **le *Chasseur français:*** a monthly publication with a wide circulation, devoted to rifle sports.

poursuivre: prosecute.

169 **mobilettes [sic]:** A Mobylette is a make of light motor cycle.

Pour ce que ça me sert: A fat lot of good that does me.

170 **appuya:** accelerated.

braquet: see notes to pp. 73–4.

171 **sur le plus grand rayon:** as wide as possible.

calibre: gear.

Page

    aux lanternes: with the cycle lamps on.

    Robic: See note to p. 92.

172 **Rolland, Darrigade:** professional cyclists who reached their peak in the early and late 1950s, respectively.

    Lollobrigida: The film-star Gina Lollobrigida was a sex-symbol of the 1950s.

173 **avant 1873:** The idea of the bicycle goes back to at least 1840, and large scale production began in the late 1860s.

    comme en 1947: The social and industrial climate in France deteriorated sharply in 1947; there were many long and bitter strikes, and violent clashes between strikers and the newly formed riot police, the CRS.

175 **en prison de 1940 à 1942:** as a prisoner-of-war, or as a political prisoner of the collaborationist Vichy regime.

    en zone sud: After the Allied landings in North Africa in November 1942, the Germans occupied the southern part of France, which had been governed since 1940 from Vichy.

177 **entendre fonctionner une raison ouvrière:** to hear how a worker thinks.

178 **d'un coup de ciseau des jarrets:** with a scissors kick.

180 **Je casserais bien la croûte:** I wouldn't mind something to eat.

183 *La quille!:* Freedom! ('demob day' in military slang).

184 **tourne à perte:** runs at a loss.

    la nationale 7: the main road from Paris to the south. See p. 100.

    la Chevrolet: a flashy American car.

    coup de fusil: unpleasant surprise (when the bill arrives).

185 **tête froide:** level-headed.

186 **Vos salades . . . moi je m'en fous:** Say what you like, I dont't care.

    En 36, il a voté Front populaire: see note to p. 120.

Page

l'occupation: the German occupation of France from 1940 to 1944.

187 **Demain, la classe:** It'll all be over tomorrow (military slang).

un grand quotidien de Lyon: probably *Le Progrès*.

l'Equipe: a daily newspaper entirely devoted to sport.

Miroir Sprint: a weekly magazine giving comprehensive coverage of major cycling events.

Sacco et Vanzetti: In 1920, two Italian immigrants to the USA, both anarchists, were accused of a double murder in Massachusetts. Their sentencing to death led to a six-year storm of protests but they were executed in 1927.

l'Espagne républicaine: In 1936, forces led by General Franco rebelled against the republican government of Spain; their victory, after three years of war, was helped by military assistance from Germany and Italy, and by the policy of non-intervention pursued by Britain, France, and the United States.

188 **Paul et Virginie:** eponymous characters in a highly popular novel by Bernardin de Saint-Pierre, published in 1787. The novel recounts the innocent idyll of two children on an exotic island (Mauritius).

192 **au sang:** using clotted blood as bait.

la loi des séries: The reference to roulette underlines the fact that Busard faces a run of bad luck just when he is least able to cope with it.

193 **déclencha . . . renclencha:** switched off . . . switched on again.

Busard travaillait maintenant grille levée: Compare p. 119 ('Il ne touchera jamais au coupe-circuit').

197 **tarot:** a set of playing cards, consisting of the fifty-two cards of the normal pack, plus up to twenty-six picture cards. Tarot cards are also used for fortune-telling.

Le client du six: at table number six.

199 **mais je me tire:** There is savage dramatic irony in this

Page

use, now, by Busard of a phrase which, previously, had meant something quite different for him. See, for example, pp. 155, 162, and 186.

dans le voisinage de la Bastille: in the 'East End' of Paris.

200   **un bobinard:** a brothel.

je te foutrai la paix: I won't bother you any more.

202   **devant notaire:** legally, solemnly.

Nous sommes comme les boys: See pp. 136–7.

Grand Inquisiteur: a chief judge of the Inquisition, an ecclesiastical court instituted in the Middle Ages to seek out and punish heretics. It spread to all countries where the Church of Rome held temporal power, particularly Spain and Italy; it was not finally eradicted until 1834.

Lightning Source UK Ltd.
Milton Keynes UK
16 August 2009

142725UK00001B/26/A